善良是一盏灯

中共广州市番禺区委宣传部
广州市番禺区精神文明建设委员会办公室
广州市番禺区创建文明城区联席会议办公室 编

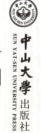

中山大学出版社
·广州·

版权所有　翻印必究

图书在版编目（CIP）数据

善良是一盏灯/中共广州市番禺区委宣传部，广州市番禺区精神文明建设委员会办公室，广州市番禺区创建文明城区联席会议办公室编. —广州：中山大学出版社，2015.12

ISBN 978-7-306-05205-6

Ⅰ. ①善…　Ⅱ. ①中…②广…③广…　Ⅲ. ①区（城市）—精神文明建设—人物—先进事迹—广州市　Ⅳ. ①D648

中国版本图书馆 CIP 数据核字（2015）第 034599 号

出 版 人：徐　劲
责任编辑：陈　芳　高　洵
封面设计：林绵华
责任校对：陈俊婵
责任技编：何雅涛
出版发行：中山大学出版社
电　　话：编辑部 020-84111996，84113349，84111997，84110779
　　　　　发行部 020-84111998，84111981，84111160
地　　址：广州市新港西路135号
邮　　编：510275　　　　传　真：020-84036565
网　　址：http://www.zsup.com.cn　　E-mail：zdcbs@mail.sysu.edu.cn
印 刷 者：佛山市浩文彩色印刷有限公司
规　　格：787mm×1092mm　1/16　10.25 印张　150 千字
版次印次：2015年12月第1版　2015年12月第1次印刷
定　　价：38.00元

如发现本书因印装质量影响阅读，请与出版社发行部联系调换

编辑委员会

主　编：徐　柳
副主编：边叶兵　郭小龙
编　委：黄　超　曾超雷　邱　彬　吴万红
　　　　郭少凤　古柳波　陈君烨

序　言

近年来,为培育和践行社会主义核心价值观,深入推进公民道德建设,番禺区文明办、番禺区创建办积极组织开展"我推荐、我评议身边好人"活动和"番禺好人"推荐评选活动,当中涌现出一批"助人为乐、敬业奉献、孝老爱亲、诚实守信、见义勇为"的好人和道德模范。至目前为止,全区先后共有66人获评各级"好人"称号和道德模范,其中,"中国好人"13人,"广东好人"4人,"广州好人"41人,"广州市道德模范"6人,"番禺好人"51人。

为进一步提升好人好事的辐射力、影响力和感召力,中共番禺区委宣传部、番禺区文明办、番禺区创建办联合区作家协会,选派作家对其中的34名代表人物进行一对一采访,发掘感人事迹,汇编成《善良是一盏灯》一书。书中这些道德楷模,有的几十年如一日,在平凡岗位上辛勤耕耘、无私奉献;有的在他人危难之时挺身而出,见义勇为;有的坚守孝老爱亲、重情尽责、甘于奉献的中华民族传统美德；有的以诚立业，以诚信之心勇担社会责任。他们当中有"金牌义工"标叔、"最美战士"李广铭、"坚强妈妈"何淑娟……一个个普通、平凡的好人，以他们的平凡举动，践行着社会主义核心价值观，传递着道德正能量。

　　善良是一盏灯。愿本书成为点亮和温暖你我心房的明灯。

徐　柳

中共广州市番禺区委常委、宣传部部长

目 录

母爱如山（郭小龙）/ 001

曹敬坤：诚实守信道德模范（屈巨贤）/ 011

为公益事业奔忙的热心人——"番禺好人"陈沛文的故事
　　（胡丽华）/ 019

陈扬雄：平民中的英雄（郑翠凤）/ 022

以至诚之心待人　以平和之心处世——记石楼商会副会长陈耀昌
　　（林灵）/ 026

身患重病侍奉三名八旬老人近十载——记"孝老爱亲"好榜样代敏娥
　　（李小娴）/ 029

为民纾困的优秀警官——"中国好人"范进彬的故事（胡丽华）/ 033

黄浩章：敬业奉献的水闸工（胡春辉）/ 037

我奉献，我幸福——记广州市番广客运公司125路车司机黄立青
　　（谭阳春）/041

为人民服务是永恒的旋律——记首届"番禺好人"获奖者、番禺区洛浦街
　　退休教师黄炎营（苏靖雯）/ 044

让生命在奉献的汗水中闪光——记首届"番禺好人"获奖者、区中心医院
　　产科助产士简健清（蔡昕珉　吴万红）/ 047

甘当社区居民的"贴心人"——记"番禺好人"、市桥街万丰社区居委会
　　党支部书记简耀华（何洋　何雅晴）／053
他用爱心托起残疾事业一片天空——记2012年"广州好人"江海豪
　　（李文峰）／057
黎艳芬：以诚立业、以信致远、以爱致美（林灵）／062
李广铭：挺身力救被撞命危老人　正能量改变"中国式救助"误区
　　（钱薇）／066
让生命之灯继续点亮——记与时间赛跑的白衣天使李敏（蔡蕴维）／073
予人玫瑰　手有余香——记助人为乐的番禺资深义工林其标
　　（小米）／077
林义平：志愿"上瘾者"　助残"梦想家"（黎颖）／082
最美保安勇斗凶悍盗贼　广东好人谱写精彩乐章——记钟村商贸城保安
　　班长刘建明的英勇事迹（陆艺尹）／087
退而不休　笔墨登场传扬文化——访资深老教师、"番禺好人"刘锦湖
　　（詹海燕）／091
龙惠冰：以真爱孝敬公婆（陈琳云）／095
他从乡间来　带来兰花草——小记好人麦浩培（詹海林）／100
大爱无声　真情动人——记聋哑异地务工人员潘万中（林灵）／103
快乐义工　助老不停——记首届"番禺好人"、沙湾义工联长者服务组组长
　　潘宇峰（何洋　何雅晴）／107
壮志浩然气　丹心侠义情——记见义勇为英雄彭炳基（蔡蕴维）／111
点燃心之明灯——走近番禺大石人民医院急诊科护士长覃玉鸣
　　（曾丽琼）／115
谭惠芳：坚守义工路　小善铸大爱（陈琳云）／120
春风化雨　润物无声——记首届"番禺好人"，大龙街、石碁镇义工联青少
　　年成长组组长邬惠玲（何洋　何雅晴）／125
生命路上　与爱同行——记首届"番禺好人"获奖者吴铁成
　　（蔡昕珉）／129

奉献爱心的使者——记伍志伟老师无偿献血和扶贫助困的先进事迹
　　（邬志坚）／133

撑起有法可依的一片天空——访"番禺好人"、敬业奉献的专职律师
　　许秀娜（詹海燕）／137

一腔热血护法魂——记首届"番禺好人"、区人民法院民五庭庭长赵栋坤
　　（袁辉　潘晓均）／142

桃李每从肩上过——记"番禺好人"、敬业奉献好老师周俊武
　　（卢泳谊）／146

小辅警　大梦想（康薇）／149

母爱如山

□ 文　郭小龙

一

穿越番禺城区弯绕多变的巷道,忽地在狭道中走向一块开阔的绿地,绿地的尽头是陈旧的楼宇。淑娟就住在这里,一套不到50平方米的房子。

淑娟结婚不久就怀孕了,这让她的父母和哥哥姐姐欣喜若狂。淑娟在家里排行老四,上面还有哥哥和姐姐。在广东这边有个说法,拉女(最小的女儿)拉心肝。意思就是说,最小的女儿在家里都会很受宠。说来也是,在淑娟的记忆里,父母从来都没打过自己,自己想要什么,父母都会尽量买给她,哥哥姐姐也把她当宝贝,百般呵护。现在她怀孕了,家人当然坐不住了,三天两头问候关怀,不厌其烦地千叮咛万嘱咐:"出入要小心!"

淑娟听从家人的忠告,平时小心翼翼,连大动作都不敢做,家务活都由丈夫承担。但命运却有意跟她开玩笑,她莫名其妙地跌倒三次,还一次比一次伤得严重。第三次摔跤时撞得脸肿鼻青。丈夫惊恐地扶着她说:"你怎么了?撞成这样子,我差点不认得你了。孩子……胎儿有事吗?"淑娟轻揉着脸,痛苦地说:"胎儿没事。我的脸疼死了!我摔跤的事千万别告诉我父母,免得他们担心。"丈夫喃喃地说:"这孩子的命真硬,三次摔跤都坚强地撑住了,一定是个奇才!"淑娟说:"这么命硬,一定是男孩。"

淑娟的孩子出生了,是个可爱的女孩,叫莉莉。

莉莉的出生无疑给何家带来了无限喜庆,但未细品初为人母喜悦的淑娟却渐渐发觉女儿的脸色泛青,常常哭闹,食欲很差,很容易就感冒发烧,有时候发烧几天不退。7个月大已经住院两次,到莉莉一岁第三次住院才被诊出患有重症β地中海贫血。医生还留下狠话:"这类病人活不过20岁。"

淑娟听了医生的话,感到一阵晕眩。她心如刀绞,泪如雨下。女儿还这么幼小,还没有感知生命的奇妙,还未享用生活的丰饶,就被命运无情地宣判;女儿还这么柔弱,才开始蹒跚学步,刚刚感受到亲情,就被病魔无情缠身。淑娟觉得眼前的世界瞬间失去了颜色。她不敢把女儿的事告诉父母,担心老人承受不了这种沉重的打击。

这天,淑娟的妈妈来看小外孙女。吃完晚饭,妈妈把淑娟拉到小屋,陪她说话。

妈妈试探着问:"这些日子,莉莉的脸色不正常,去医院检查过吗?"

淑娟内心一惊,却装作轻松的样子说:"检查了。没事,医生说增加营养就会好的。"

"怎会是营养的事呢?当年家里穷,缺吃少穿的时候,你也没营养,也不会有这种脸色。"

"医生就是这样说的。"

"你觉得靠谱吗?……我不太相信。"

"妈妈,您别胡思乱想了。"

"我明天带她到省城的医院再检查一次。"

"妈……您连医生都不信吗?"何淑娟有点急了。

"我还不了解你,你的眼神告诉我,有事瞒着我。"妈妈直瞪瞪地看着女儿。淑娟没敢直视妈妈,她突然觉得喘不过气来,瞬间泪水夺眶而出。

妈妈有点战栗地说:"告诉妈,发生了……什么事?是不是莉莉……"妈妈没敢往下说,只是目不转睛地看着女儿,内心满布乌云。

"莉莉患有重症β地中海贫血。一直不敢告诉您是怕您担心。"

"贫血?只是贫血?我也有贫血呀。"

淑娟眉头紧锁地说:"是地中海贫血,重病,很难活过20岁。"

"20岁?"妈妈惊呆了,坐着一动不动,眼里泛起泪光,积压在心中的疑虑瞬间化作恐惧。

"妈妈,您怎么了?您要撑住啊!"淑娟双手扶着妈妈的双肩,轻轻摇了摇,然后扑向妈妈,把妈妈紧紧抱住。母女俩失声痛哭起来。

何家到处打听了解,才知道这从来没有听说过的重症β地中海贫血是怎么回事。地中海贫血以地中海沿岸国家多见,我国广东等沿海省份是地贫病的重发区,2013年广东育龄人群的地中海贫血基因携带率为16.8%,平均6个人中就有1个携带基因。广东每年新增重型地贫患儿约500例。若夫妻为同型地中海型贫血的带因者,每次怀孕,其子女有1/4的机会为重型β地中海型贫血患者。重症β地中海贫血患者每天要进行去铁治疗,每隔3周要输血。淑娟计算过,到女儿30岁时,治疗费用将达到300万元,需要3000人的献血。

淑娟和丈夫绝望了。面对命运的无情压迫,他们毫无反抗之力,痛苦的阴影笼罩着这个本来欢乐的家庭。淑娟曾听说采取脐带血移植手术可以治疗重症地中海贫血。她问丈夫:"我们能否冒一次险,再生一个孩子,用新生婴儿的脐带血救回莉莉。"

丈夫苦笑着说:"我宁愿自己从楼顶跳下来。两个带基因者的孩子有1/4的机会为重型地中海型贫血患者,搞不好还要多害一个孩子。除非有一个是不带基因者……我不冒这个险。"

淑娟说:"那也有75%的希望啊。"

"你也知道,就算生了正常的孩子,采取脐带血移植手术治疗血液病的失败率是30%。这还得冒险。我绝不同意。"丈夫说完,火烧火燎地走了。淑娟无奈地瘫坐到床上,她预感到凄风苦雨就要来临。

二

淑娟要治疗莉莉的病,首先要学会打排铁针。当她第一次准备把针头插在莉莉细嫩的肚皮上时,双手颤抖,冷汗从额头开始涔涔往下流,直至浑身湿透。她不知尝试了多少次,还是不忍心。最后是莉莉勇敢地说:"妈咪,没关系,你扎吧。"淑娟才强忍着泪水,闭上眼睛帮女儿打了第一针。很糟糕,针口后来肿了。淑娟的心在流血。

打排铁针一次要花10小时之久。久而久之,为女儿打排铁针成了夫妻俩的日常功课,也成为他们伤心欲绝的与病魔的恶战。为了女儿能活命,他们被迫把自己搁置在艰难挣扎的境地。1998年,经过7年的挣扎,丈夫向淑娟提出了离婚的要求,淑娟没有挽留去意坚决的丈夫。离婚以后,淑娟独自承担为女儿医治和养家的重担,母女俩的生活陷入绝境。

沙湾桥头,风潇雨晦。淑娟和女儿慢慢地朝桥中央走去。她俩来到桥中央,停下步。淑娟转过身,伸手扶着围栏,一阵透心的冰凉传递到全身。她木讷地看了一眼身边的女儿,又朝桥下望去,雾气升旋中河水若隐若现。她的心凉了,心衰力竭得像困在狭窄的山坳里,死不了却又无望。她决定从围栏上翻越过去,与女儿同时摆脱生命的诅咒,摆脱苦涩,到天国去,或许那里没有欢乐和福祉,但至少没有疾患,没有求生存活的痛楚。她鬼使神差地抱紧女儿,四肢机械地缓缓挪动着。雨,瞬即停了,四周一片死寂。静谧中随风飘来了隐约的呼唤声:"妈……妈,我好冷,好饿。"淑娟犹如在梦中,那莫非就是天堂的回声,或许是……她突然感到全身泛起阵阵寒意,心一沉,这是莉莉的声音。她从冥冥之中醒来。她蹲下来,紧紧抱着满身湿漉漉的女儿,欲哭无泪。她觉得自己太自私了,对不起女儿,自己有什么权力对女儿的生命进行宣判,剥夺女儿活着的权利呢?她脑海里浮现出父母亲悲痛的呐喊:"把外孙女还给我,把孙女还给我!"她的心被刮打着。她突然发现,寻死比求生需要更大的勇气。当你心中还有信念,还有亲情,还有牵挂,就只能鼓起勇气活下去。"既然我都敢死了,为何不敢活呢?我就要知道命运如何来折腾我!"雨又下了起来,豆大的雨点打在她俩身上,冰凉入骨。这时,淑娟心中只有回家的意念,她没有顾及这来自天堂的水滴,抱着女儿朝家的方向冲去。

为了养家糊口,筹集莉莉的治疗费,淑娟扫大街、摆地摊、做家政、打散工,能挣钱的苦活都干过。许多时候,她为了摆地摊挣钱,带着弱不禁风的莉莉出没在大街小巷,暴露在风雨和烈日之下,一旦遇到城管检查,她俩就飞快离开。弱不禁风的莉莉无数次摔倒在街头,但她还是坚强地爬起来,继续快跑。当被生活重担压得喘不过气来的时候,淑娟就和女儿抱头痛哭一场,抹干泪后继续前行。淑娟清楚,女儿是自己活着的理由,自己却是女儿能活下去的靠山,母女俩互为支撑,相依为命。

很苦的日子,很快流逝的时间。莉莉该上幼儿园了,但幼儿园不肯接收患遗传病的孩子。看到莉莉呆立幼儿园栅栏前向里面张望时沮丧的眼神,淑娟心都碎了。莉莉的童年几乎是在医院度过的,医生就像亲人一样对待她。在医院,她也认识了很多患地贫的小伙伴,还结下深厚的友谊,不幸的是,却眼睁睁看着他们一个个痛苦地离去。有人问莉莉:"你害怕死亡吗?"莉莉轻声说:"每天都很怕。医生说我活不过20岁。等我过了20岁生日,就不怕了。"很多时候,莉莉常常情由心生地说:"活着的感觉真好!"

很苦的日子,很快流逝的时间。莉莉10岁了。这年,莉莉学会给自己打排铁针。每天放学回家,莉莉做的第一件事是把针剂卡入排铁泵,把针头插在肚皮上,背好排铁泵,然后再写作业、吃饭、睡觉,直到第二天早上6时,才能拔下针头,卸下泵,完成一次排铁。莉莉把打针称为"加油",把每次去医院输血称为"去度假"。也是在这年,莉莉肿大的脾脏挤压着内脏,肚子也鼓了起来。一顿饭,她要歇几次才能吃完。淑娟找女儿商量说:"如果把肿大的脾脏切除,或许吃饭会舒服一点。"莉莉没看妈妈,只是很平静地说:"那就切吧。"女儿淡定的态度让淑娟内心很纠结、很痛苦。不久,莉莉在医院进行了脾脏切除手术。

很苦的日子,很快流逝的时间。在最困难的时候,是《番禺日报》率先报道了淑娟母女俩的困境,引起社会的关注,让她俩得到政府以及许多热心人士的支持资助,从此改变了命运。后来,淑娟在番禺还领着一份低保。

为了调整心态,淑娟找相同经历的人倾诉。当她发现有位母亲要守护3个患有重型地中海贫血病、挣扎在生死线上的孩子时,她非常感慨与震惊。她由衷地敬佩这位伟大的母亲。在与这些相同经历者的交流和倾诉中,她的压力渐渐地转化为慈悲的力量,实现了从自救到救人心理的飞跃。淑娟开始认识到,为一个人奋斗只有一份力量,为两个人奋斗只有两份力量,只有树立为更多人奋斗的信念,才能凝聚更多的力量,也只有得到社会更多关怀的力量,抵御病魔、预防"地贫"才有希望。

三

2008年,淑娟正式注册成为广州YMCA(广州基督教青年会)义工成员。

在广州市区的大商场,在番禺小巷的小卖部,常常能看见淑娟向人分发预防地贫的宣传单,并耐心讲解着地贫的预防知识。她穷尽心力,搜集广州地贫患儿的信息,将这些家长组织到一起,互帮互助,抱团抵御病魔。不久,她参加了广州YMCA地贫援助项目小组、广东地贫防治协会家长会,并任广州家长会会长。家长会有200多个成员,他们定期开展活动宣传地贫防治。为了帮助地贫家庭,从联系志愿者、家长,到与各家医院、市血液中心协调地贫患儿用血,事无巨细,她都操心。只要是关爱地贫患者的公益活动,她都积极参与。淑娟出名了,地贫家庭的孩子称她为"地贫妈妈"。

对于淑娟频繁的义工活动,已经读高中的女儿开始抱怨。她不理解妈妈为什么每天上班工作这么累,还去管别人家的不幸,而不愿意多花时间陪自己。

这天,吃完晚饭,淑娟把女儿莉莉拉到小屋,陪她说话。

淑娟笑了笑问女儿:"这些日子,你的学习成绩怎么样?"莉莉一惊,心想,妈妈怎么会知道我昨天测验不理想呢,她装作没事的样子说:"还好。"

"那就好。你要多看看墙上挂满的你过去的奖状,时刻告诉自己,要好好学习。妈这段时间太忙,也对你关心过问少了,是妈不对。"

莉莉听了妈妈的话,委屈的心顿时释然了,她说:"妈咪,您还是少管别人的事嘛,我看您工作完都快筋疲力尽了,还要参加各种义工活动,我怕您会累垮!您垮了……我咋办?"

淑娟内心一阵温暖。她觉得女儿长大了,在风雨苦痛中成长了。她温柔地说:"妈不能垮,也不会垮的。妈会照顾好自己的。现在妈妈忙于宣传预防地贫,目的是想让社会重视这个患病群体,给予更多的政策关怀。"

"真的可以消除重型地贫病吗?"

"当然可以。香港、新加坡这几年来重型β地中海贫血出生率几乎是零,如果我们严格做好婚检、孕检、产检,完全可以避免地贫儿的出生。"

"那为什么我们做不到呢?是没有钱吗?"

"没有钱只是一个方面。关键是大家的预防意识不强,这需要加强宣传,引起社会的高度重视。香港和新加坡的经验非常好,他们把疾病的科普放在中学生课本里,我们要向他们学习。"

"妈咪,您天天这样忙碌,就为了把疾病的科普放在中学生课本里吗?"

淑娟笑了,她说:"莉莉,这只是一个方面,我们努力的目标是对这些已出生的孩子能全免费救治,同时实现广州地贫的零发病率。"

莉莉半信半疑地点着头说:"什么时候才能免费治疗呀?那时候您就不用这么辛苦了。"

"总会有这么一天的。现在,重型β地中海贫血门诊治疗可以按规定享受门诊特定项目基本医疗保险待遇,这就是很大的进步。"淑娟心里明白,要实现最高目标,需要一个漫长的过程,她把话题一转,说:"莉莉,同学们还叫你'吸血鬼'吗?"

莉莉想了一下说:"那是以前吧,当时他们知道我有病,常常要输血,才有这个外号。您出名以后,特别是大家开始了解这病不传染后,也开始关心和理解我,就没人叫我个这外号了。"

"莉莉,你应该知道,你血管里流淌着无数好人的血,也流淌着无数好人的爱,所以要懂得感恩。妈咪现在帮助别人,既是解决别人的燃眉之急,给痛苦的家庭新希望,也是在感恩,也是一种自我救赎。"

"什么是自我救赎?"

"就是通过内心忏悔引发善念,多行善事寻求感悟。"妈妈没再往下说,只是目不转睛地看着女儿。莉莉侧着头说:"妈咪,我以后也要参加义工活动。我也要感恩。"

淑娟眼里泛起泪光,她心中积压的顾虑瞬间被释放,内心充满了阳光。

莉莉开始支持妈妈的义工工作。不仅如此,莉莉还跟随着妈妈参加各种抗贫活动,帮妈妈整理数据和文字,并传上网络。淑娟的微博吸引了8000多粉丝,成为传播公益救助信息的平台。

由于莉莉的心脏承受不了繁重的学习压力,休学静养了一年,放弃了参加高考。她曾经的梦想是考入星海音乐学院,不过与生命相比,她果断地选择了后者。高中毕业后,莉莉打算开一家淘宝店,卖手机充值卡,她的另一个打算是学做音乐后期制作。

很充实的日子,很快流逝的时间。莉莉踏入21岁,打破了活不到20岁的死亡魔咒。同样,淑娟也从地贫受害者的母亲而成为杰出的地贫义工,在生与死的命题和挑战中完成了一次涅槃。

2013年1月18日晚,淑娟和女儿莉莉被邀请参加央视"梦想合唱团"大型公益慈善节目,她们的故事感动了在场的所有人。一个企业马上现场捐款50万元给莉莉治病,淑娟不假思索就拿出30万元转赠给协会其他200多个地中海贫血症患儿的家庭,希望更多的地贫患儿得到救治。节目结束后,淑娟有点愧疚地对女儿说:"莉莉,刚才捐款的事太突然了,没有来得及征求你的意见就把钱转捐出去了。是妈咪不好,那钱是给你治病的。"莉莉笑了笑说:"我们是心有灵犀。当时我也这样想,50万这么多,应该拿点出来帮助别的病友。"淑娟欣慰地说:"莉莉真是长大了,学会帮助别人了。"

"我突然觉得帮助了别人,心情很好。"

"对啊,助人为乐嘛。我告诉你呀,追求快乐的形式是有层次的。我觉得人年轻的时候,一无所有,要学会自得其乐;奋斗的时候很艰辛,要学会苦中作乐;奋斗取得成绩的时候,要学会知足常乐;助人为乐是人生最高境界,进入这个境界需要深厚的感悟和修炼。"

"妈咪,您到了哪个境界?"莉莉迫不及待地问。

淑娟思忖了一下,说:"或许是知足了,正迈向助人为乐吧。要真正进入最高境界,妈咪还需要做更多努力。"莉莉点了点头又问:"妈咪,那我到了什么层次?是自得其乐吗?"淑娟欲言又止,点了点头。她看着女儿,女儿也看着她,两人相对无语,片刻,又不约而同把目光移到窗外。窗外的雾霾里,阳光像无数光亮的杆棒,戳穿了雾霾。淑娟知道,对于一个连生存都成问题的女孩,苦中作乐将会伴随她的一生。淑娟暗自告诉自己,不管遇到什么挫折和困难,自己都要一如既往地挺下去,通过对女儿的引导和呵护,使女儿的人生在自助和助人中更加富有意义,即使不能常常欢乐,也必将常常乐观。

淑娟为患重型地中海贫血症女儿续命21年的大爱事迹感动了社会,在全国引起了巨大反响,也引起了各级媒体的关注。2013年,在获评"番禺好人"、"广州好人"称号后,淑娟又光荣获评"中国好人"。淑娟在接受记者采访时却谦虚地说:"能当选'中国好人'是我意想不到的。我身边也有很多的好人,与他们比起来,自己做的事显得微不足道。"

2014年5月8日是第21个"世界地贫日",淑娟参加了广东省举办的"爱如潮水·关爱地贫"2014年世界地贫日大型公益活动。在活动中，她和志愿者服务队代表们一起宣读了献血倡议书。第二天，淑娟又喜获"广东十大慈母"的荣誉称号。

雨夜，喧闹平息了。淑娟回到家里，躺在床上，望着黑暗的屋顶，没有丝毫睡意。她想到头顶上越来越多的荣誉光环，想到那200多个急需帮助的地贫患者，感到责任如山。她看着身边已经熟睡的女儿，内心有难以言状的感慨。莉莉已经22岁，长大了，也学会了坚强，接着要面临自食其力的挑战。淑娟坚信女儿能成为对社会有所贡献的人。她又想到莉莉也应该恋爱、结婚，还有生儿育女。她想了很多，很多。在这清凉的夜里，淑娟翻来覆去睡不着。她在焦躁里想着那些难以预测的各种可能和不可能，直到东方发白。当太阳又一次光临这个世界的时候，淑娟几乎把夜里的事给忘掉了。因为她深深地知道，自己下半生的事业就是与地贫抗争，关键的不是靠冥思苦想，而是靠行动，靠马上行动。

何淑娟

2013年3月获评"番禺好人"。

2013年4月获评"广州好人"。

2013年5月获评"中国好人"。

2013年9月获评"广州市第五届道德模范"。

曹敬坤：诚实守信道德模范

□ 文 屈巨贤

曹敬坤是番禺区石楼镇广东精创机械制造有限公司总经理、党支部书记。他从普通员工做起，努力工作，刻苦钻研技术，从担任车间主任，到副厂长、厂长、总经理兼党支部书记，一步一个脚印。在企业多年的发展历程中，曹敬坤始终把"信誉至上、诚信为本"作为经营理念，把"做老实人、办老实事"作为企业全体员工的行为准则。

由于诚信经营，公司在同行业中具有良好的信誉，被评为质量、服务、信誉AAA级企业，并连续多次被广州市国税局、地税局评定为"A级纳税人"、"依法纳税大户"。曹敬坤也先后获"番禺区先进劳动者"、"番禺区优秀共产党员"、"广州市第四届道德模范"、"广州市第二届优秀中国特色社会主义事业建设者"、"广州市企业文化建设先进个人"、"广东省共创和谐先进个人"、"广东省企业文化建设十佳个人"、"中国质量诚信人物"、"中国工业经济优秀人物"、"中国好人"（诚实守信类）等荣誉称号。

用质量铸造诚信

对客户、员工和所有相关利益者，曹敬坤都秉持诚实经营、以信立业、坚守承诺的信条。他常说，诚实经营主要体现在产品的质量上，质量是诚实的成色，是顾客满意度的测量仪。

广东精创公司是日立电梯公司的主要供货商。近年来,日立电梯公司对供应商的产品质量要求越来越高。曹敬坤知道,质量是企业的饭碗,只有保证产品质量,满足顾客的需要,才能使企业在激烈的市场竞争中生存和发展,为此,必须打一场提高产品质量的攻坚战,加强品牌意识。

为抓好质量,广东精创公司严格按照现代企业制度的要求,建立了完善的生产技术、产品质量、安全管理、仓储物流等方面的管理制度,并建立了完善的质量、环境管理体系,通过ISO(国际标准化组织)质量管理体系认证和ISO环境管理体系认证。

"这样一来,整个生产过程处于受控状态,可以及时发现问题,及时纠正和整改错误,从而保证产品质量达到顾客要求。近几年,我们的产品合格率不断提高,达到99.9%以上,提高了用户对我们的信任度,我们的产品供不应求。"曹敬坤说。

诚实守信促发展

曹敬坤始终把"信誉至上,诚信为本"作为经营理念,把"做老实人,办老实事"作为企业员工的行为准则,加强对员工的思想教育和职业道德教育,使全厂员工诚信守法,自觉维护企业的利益,不做损害企业利益的事。

在"三角债"流行的时候,一些企业拖欠货款、税款等,但曹敬坤坚持把国家、集体利益放在首位,在经营活动中做到遵章守纪,依法经营,诚信纳税。在与客户的业务交往中,该公司从不拖欠货款,凭着自己的诚实守信,在所有与其打交道的企业中赢得了口碑。一些原材料、零配件供应厂家纷纷找上门,表示愿意供应质优价廉的原材料和零配件,成为该公司的合作伙伴。

曹敬坤经常说:"诚信是企业竞争的利器,也是企业生死存亡的关键。"企业要讲诚信,这不仅是社会的要求,也是企业自身发展的需要。该公司始终认为,诚信是企业赖以生存、发展之本,重德诚信者得市场。

数十年来,该公司始终坚持奉行"以德治厂,诚信经营"的信念,在广大消费者心中树起良好的诚信形象,赢得了市场的青睐。企业不断发展壮大,经济效益连年稳步增长,在 1994 年获得了"全国最佳经济效益企业"、"广东省最佳经济效益企业"、"番禺区依法纳税大户"等荣誉称号。

创建优秀企业文化

曹敬坤积极创建优秀企业文化,倡导"以人为本、至诚执着、仁义博爱、自强不息"的和谐企业文化,提倡以"和谐劳资关系"促企业发展。他视员工为企业最宝贵的财富,在公司各项管理工作中坚持"以人为本",注重员工遵纪守法和思想教育工作,根据企业的发展和变化不断修订、完善各项管理制度,并在执行时实行人性化和规范化管理,以教育为主、处罚为辅,坚持用制度管人,使公司逐步实现规范化管理。

为了使企业和员工达到双赢,曹敬坤想方设法提高员工的工资和福利待遇,按时在每月 10 号发工资,20 号发奖金补贴,不拖欠工资,每年还组织全公司干部、员工外出旅游。为了切实解决员工生病、住院的后顾之忧,公司制定了医疗报销制度,员工生病看门诊、住院的医疗费用 100% 报销。虽然公司为此每年多支出几十万元,却为员工解决了实际困难,增强了企业的凝聚力,增强了企业的美誉度和员工对企业的忠诚度。当地很多人都以能进入广东精创公司工作而感到自豪,很多刚毕业的年轻人都想进入广东精创公司工作。近年很多企业碰到招工难的问题,但广东精创公司对员工的真情和"以人为本"的管理理念,赢得了良好的口碑,公司的员工流失率非常低。

2008 年春节期间,我国部分地区遭遇百年不遇的雪灾,公司一些外地员工无法返乡过年。大年三十晚上,曹敬坤通知公司办公室在酒店准备了 8 桌丰盛的年夜饭,他与留守员工一起吃团年饭,并给所有在场员工及家属派发红包。2011 年春节过后,其他企业很多员工没有回来,曹敬坤企业的员工一个也没少。其他企业老板为招工难而愁眉不展,曹敬坤却无此忧虑:"用工荒离我们很远,优越的工资福利待遇和良好的归属感,是我们吸引和留住异地务工人员的法宝。"

曹敬坤在2010年广州亚运会、亚残运会举办前夕,积极发动公司全体党员和员工参加亚运志愿者活动,积极支持亚运会和亚残运会的各项工作。亚运会体育场馆的体育器材需要叉车装卸、搬运和进馆,由于当时亚运城的配套设施还没有完善,当区领导找到镇有关部门请曹敬坤给予支持的时候,他立即将公司的叉车和搬运车调到亚运城体育馆,连续奋战了几天,圆满地完成了体育器材卸车进馆的任务,受到亚运组委会有关部门领导的赞扬。当区有关领导提出支付叉车、搬运车等有关费用给公司时,曹敬坤说:"亚运会在自己的家门口举办,作为石楼的企业应当全力支持,这些费用不用算了,就当是广东精创公司为亚运会出一点力吧!"在亚运会、亚残运会举办期间,曹敬坤还积极组织员工参与"亚运火炬传递活动"、"亚运文化村演出活动"、"清洁家园迎亚运"等活动。

让员工感受家的温暖

曹敬坤将关爱员工的工作落到实处,为员工解决本人实际困难、员工家属就业难等问题,让员工感受到家的温暖。

公司现有员工800多人,其中外地员工就有300多人。为了使他们安心工作,曹敬坤积极为他们解决子女读书难的问题,亲自与各学校校长联系,并对接收公司异地务工人员子女上学的学校给予一定的经济支持,解决了这些员工的后顾之忧。

公司的异地务工人员中,有不少是夫妻、父子、兄弟关系。来自四川的李勇在广东精创公司工作了6年,他的儿子李毅高中毕业后也加入到公司来。像李毅这样的第二代异地务工人员在广东精创公司工作的还为数不少。来自梅州的邹焕裕在广东精创公司工作了10多年,谈到公司对他的关心,他深深感激。他的3个孩子都由公司与学校联系,在当地上学。平时公司对他关怀备至,甚至还为他购买生活用品。目前他的妻子、哥嫂都在广东精创公司工作。

员工在生活上、经济上碰到困难,曹敬坤都积极为他们排忧解难。员工生病住院,工会为他们送上困难补助款,为他们垫支手术、医疗费用,甚至员工的家属和子女患病需要做手术而经济困难的,曹敬坤也发动全体党员、干部、员工捐款。

曹敬坤常说,除了员工有病要关心外,员工的家人有病,广东精创公司和他本人都会尽力帮助。曹敬坤对外地员工更加关心,他经常对公司的管理人员说:"外地员工不像本地员工,他们没有什么熟人,也没有一点社会关系,有困难只能找企业,我们应该多关心他们。"

2006年洪灾,一名湖南籍员工家中房屋倒塌,父母写信给儿子要钱重建房。由于该员工的妻子没有工作,孩子又年幼,生活本来就比较困难,根本凑不到钱建房。他只好带着家信找曹敬坤求助,曹敬坤从自己家中拿出几万元钱给这个员工,帮他渡过难关。

2010年,来自湛江市的陈姓员工的母亲患重病,需要马上做手术,尚缺两万多元医疗费。曹敬坤了解到这一情况后,拿出自己的3万元钱交到这个员工的手上,并对他说:"只要你在公司好好工作,有困难不用怕。这钱有能力就还,没有能力就不用还。"由于手术及时,这个员工的母亲很快康复。

2011年5月,一名湖南籍吴姓员工的父亲在老家遭遇严重的交通事故,造成颅脑骨折,如不及时做脑部手术,将会有生命危险。但手术费用要5万多元,该员工自己的积蓄加上向亲朋借的钱只有两万多元,手术费缺口比较大。危急关头,这位员工想到了公司,想到了曹敬坤。曹敬坤了解情况后,立即从自己的积蓄中拿出3万元交给这个员工说:"你立即将钱带回去给父亲做手术,手术做完后发信息给我报平安。"手术成功了,该员工的父亲很快度过了危险期。

2012年6月,公司一个湛江籍陈姓员工一岁半的女儿被确诊为先天性心脏穿孔,急需做手术,但手术费用需7~8万元。由于前期治疗已用完所有积蓄,并向亲戚朋友借了不少债,该员工束手无策,曾考虑放弃治疗。曹敬坤了解情况后立即召开会议,发动党员、干部、员工捐款,一共为该员工的女儿筹集捐款8.46万元。当公司领导将这些捐款交到该员工手上时,他感动得连声道谢说:"我都不知道用什么话来表达我感激的心情,只有代表我女儿向捐款的公司干部、员工表达谢意。等她懂事后,我要告诉她是精创公司和很多员工对她无私的帮助,使她获得了第二次生命。我要尽心养育她,把她培养成才,让她好好回报社会。"

不久前,有一名员工的小孩脑部有问题,需要很多钱做手术。他来找曹敬坤,曹敬坤立即给了他两万元,后来又给了他5000元。那个员工要给他打借条,曹敬坤坚决不要,他对那个员工说:"向我个人借钱,是信任我,我从不拿任何借条。你有钱就还,没钱就不用还。"当有员工来向曹敬坤还钱时,他常常要愣半天:"你还什么钱?你向我借过钱吗?什么时候的事?"为困难员工和家属捐款的故事,在广东精创公司举不胜举。

热心社会公益事业

曹敬坤具有强烈的社会责任感,践行"取之于社会,回报于社会"的宗旨,把支持公益事业当作一种社会责任,在企业不断做大做强的同时,不断无私地回报社会。多年来,他和广东精创公司积极支持社会各项公益事业,赢得了社会各界的广泛赞誉。

2008年5月汶川大地震发生后,曹敬坤立即召开会议,自己带头并发动党员、干部、员工向地震灾区捐款134007.9元;在2008年中秋节前,又向地震灾区捐赠54000元的月饼,并送上广东精创人的节日问候和良好祝愿。他从未停止扶贫助困的脚步:2011年5月向石楼敬老院捐赠13万元,2011年12月向番禺区慈善会捐赠10万元,2012年3月捐资15万元为石楼镇困难老党员梁华昭爷孙重建住房,2012年6月向番禺区慈善会捐赠20万元。逢年过节,曹敬坤就会想到那些孤寡老人,派管理层给敬老院送东西,敬老院每个月的牛奶均由广东精创公司提供。公司还送了一辆汽车给敬老院。

幼儿园、学校、体育、文化建设也是曹敬坤牵挂于心的事。他长年资助学校、幼儿园,是石楼中心小学、石楼赤岗小学、石楼海鸥学校、石楼中学的名誉校长，石楼中心幼儿园名誉园长。石楼镇部分幼儿园、中心小学和莲花山中学的电脑设备、空调和桌子更换都由广东精创公司出资捐助。

他每年赞助"精创杯"篮球赛、乒乓球赛，石楼镇、村"龙舟赛"等，又赞助石楼镇举办各项文化活动，如迎春晚会、企业文化展演、歌唱比赛、合唱比赛、舞蹈比赛等。他一直认为企业的发展离不开社会和政府的支持，所以只要社会和政府有需要，他和公司都会不遗余力地去支持，奉献一片爱心，回报社会。

近年来，曹敬坤又热心支持和参与全国、省、市各部门举办的各项公益事业活动，包括全国残疾人书画摄影大赛、"6·26"国际禁毒日活动、腾飞的中国、硝烟未尽、诚信广东、跨世纪的广东污染控制与生态保护、广东科教文卫事业发展纪实等达40多项。

解决弱势群体就业难问题

曹敬坤尤其关心农村贫困家庭、孤寡老人、受灾群众的生活，积极参与扶贫扶危、抢险救灾工作。他发动员工捐款捐物，帮助贫困、受灾地区，贫困家庭和厂内困难员工，按要求安置残疾人就业。他积极协助地方政府做好帮助贫困中老年人的脱贫工作，为贫困人口的脱贫工作出了大力。

曹敬坤获悉番禺区石楼镇各村还存在一些困难户，由于年老体弱，劳动力不足，他们没有固定收入，生活比较困难。他主动把他们招进企业，让他们做一些力所能及的工作，使他们每个月有固定的经济收入，生活得到保障。

随着经济的高速发展，土地面积越来越少，众多农民面临转行的问题。由于大多数农民没有一技之长，文化水平不高，就业难成为一个亟待解决的问题。所以，每当企业需要招工时，曹敬坤都优先考虑招收农民进厂，对他们进行岗前培训，让他们在掌握一定技能后，再到生产第一线工作。近年来，广东精创公司吸收了当地100多名农民就业，在一定程度上解决了当地农民就业难的问题。

积极履行社会责任

广东精创公司把保护环境、履行社会责任的理念融入企业文化中，将建设环境友好型社会等工作落到实处。公司加强改良生产工艺，使用节能环保性生产辅助材料，定期对工厂区域做好安全和环境卫生自检工作，并积极配合当地环保部门进行检查监测。2010年，广东精创公司投入130多万元治理饭堂的油烟、喷漆车间的废水和废气，在喷涂车间安装了喷涂生产线和洗水(前处理)工序废水处理系统。经过多项措施改进，治理后的废水可循环再使用，废水、废气排放符合国家排放标准。

近年来，该公司先后荣获中国优秀企业、中国诚信单位、中国质量信用AAA+级企业、中国质量500强、广东省优秀企业、广东省高新技术企业、广东省诚信示范企业、广东省科技创新优秀企业、广东省企业品牌建设先进单位、广东省制造业100强、广东省守合同重信用企业、广州市A级纳税人、广州市依法纳税大户、番禺区先进集体、番禺区文明单位等称号。它的"精达"品牌产品连续6年荣获广州市著名商标，连续4年荣获广东省著名商标。

虽然企业获得了成功，但曹敬坤依旧真抓实干，不骄不躁。他勇于承担社会责任，担任了广东省企业联合会、企业家协会常务理事，广州市企业联合会、企业家协会副会长，广东省机械行业协会理事，番禺区企业联合会副会长，番禺区国际商会副会长，番禺区工商联副主席，番禺区石楼镇商会会长，番禺区石楼镇安全主任协会副会长，为促进企业间的交流和合作、为地方经济发展积极地贡献力量。

曹敬坤

2010年1月获评"广州市第四届道德模范"。

2011年2月获评"中国好人"。

为公益事业奔忙的热心人

——"番禺好人"陈沛文的故事

□ 文 胡丽华

"感谢共产党!感谢狮子会!"这是白内障人士在重见光明后,患者及其家属说得最多的话。每当听到这些,陈沛文脸上总会露出浅浅的微笑。简简单单的两个句子,饱含了患者所经历的生活磨难,听来字字重千斤,温暖在心头。

陈沛文,现任广州市番禺区新造商会副会长、广东狮子会监事。长期以来因热心公益事业,曾获中华人民共和国经济建设功勋人物华表奖、广东省扶残助残先进个人奖、助残爱心使者奖、"视觉第一 番禺光明行"关爱献真情奖、热心公益奖等多项荣誉。2010年,他成功当选第16届广州亚运会火炬手。

"诚信做事,诚信做人",这是陈沛文常常挂在嘴边的一句话。立业德为首,树德先修身。他秉承一贯低调的作风,从事公益事业,真正做到出钱、出力、出心、出席。身为广东狮子会珠江服务队(现为广东狮子会成员)的相关负责人,他经常带领团队远赴省内外开展"视觉第一中国行动",为当地白内障患者提供免费手术治疗,让无数患者重见光明,被亲切地称为"光明的使者",受到当地政府和广大市民群众的高度赞扬。

2007年9月,陈沛文如常带领广东珠江狮子会珠江服务队会员前往增城市(现增城区),为当地150例白内障患者进行免费手术。其中一名来自新塘镇的患者和她大嫂的故事,深深感动了在场的所有人。患者失明多年,生活起居全靠大嫂照顾。大嫂就像妈妈一样,二十多年如一日给予她无微不至的关爱。患者自述,她们曾经历了艰难漫长的求医过程,市级医院的检查结果是眼底膜损坏,复明机会渺茫。现场医生给她做了详细检查,发现手术成功率仅两成。患者和她大嫂听到这一诊断结果,忍不住都哭了,跪在医生和陈沛文面前,苦苦哀求再给一次手术的机会,即便失败,她们无怨无悔,也死心了。

当时,现场陷入僵局。随行的广州市残联负责人也进行劝导,患者和她大嫂仍不肯离去。对于生活在无边黑暗中的痛苦,她们有如此深刻的体会,她们多么祈望能过上正常人的生活,多么不愿意放弃每个重见光明的机会。

为此,狮子会再次组织多名医生会诊,结果仍然令人失望,手术成功率仅20%是不争的事实。随后,狮子会与广州市残联相关负责人召开碰头会,专门研究为该患者施行手术的可行性。陈沛文作为广东珠江狮子会会长,决策权落在他手上,可谓责任重大。他回忆当天的情形说,当他看到大嫂殷切祈盼的目光,想到她20多年含辛茹苦的付出,想到患者终日活在黑暗中,他被震撼了,被感动了。当时,几位负责人一致通过,毅然决定冒险为该患者施行手术。

有关手续办妥后,手术正式开始。陈沛文亲自推着轮椅送患者进入手术室,手术期间,寸步不离地在门外守候。幸运的是,手术奇迹般地成功了。当陈沛文把患者推回到医院大堂时,患者告诉他,自己已经隐约感觉到光线,医生也断定患者"复明在望"。听到这一天大的好消息,狮子会会员都围了上来,齐齐祝贺她即将重获光明,现场气氛沸腾起来。患者与大嫂更是相互依偎,喜极而泣,那是辛酸的泪水,也是高兴的泪水。

一天后,陈沛文率领狮子会会员再赴增城回访,患者已拆去纱布,眼睛复明,彻底告别了20多年的黑暗。大嫂连连向陈沛文一行人道谢:"感谢共产党!感谢狮子会!""赠人玫瑰,手留余香,能够帮助有需要的人,助人者比受助人感到更开心、快乐。"陈沛文如是说,其他狮子会会员亦如是说。

陈沛文"喝水不忘掘井人",在实现自身致富之后,不忘回馈社会,竭尽全力为社会服务。他在参与"视觉第一　中国行动"的同时,还积极开展爱心助残、帮扶单亲特困母亲、助教助学、探访孤寡老人、扶贫济困、救灾捐助、支持粤剧事业发展等多项公益活动,终日为公益事业奔忙,送温暖、送关怀、送爱心,实现慈善心愿。他表示会在慈善道路上一直走下去,同时希望有更多的热心人士投身到公益事业中来,共同传递社会正能量。

陈沛文

2012 年 9 月获评"广州好人"。

2012 年 9 月获评"中国好人"。

陈扬雄：平民中的英雄

□ 文 郑翠凤

近年来，许多平民英雄被媒体发现，给社会带来持续的感动。2011年获评"中国好人榜"见义勇为类好人的陈扬雄就是其中之一。

10多年前，20岁出头的陈扬雄带着梦想来到番禺，成为广州港华燃气有限公司一名普普通通的员工，一干就是十几年，港华见证了他的成长、他的勤恳敬业、他的平凡坚守。做义工、带头捐款赈灾，哪里有需要，哪里就有他的身影。如果没有2005年夏天那一次火灾事故，陈扬雄还会在平凡的岗位上默默无闻地工作。在那令人战栗的危急关头他所体现出来的对他人、对社会的关爱，令人敬仰，让人关注。他那惊世"一瞬"的底色，正是他平凡却并不简单的"一向"的写照。用责任去做好所从事的工作，用爱心去善待所遇到的人，用行动去保护群众的安全，这正是他最为质朴的价值观，也是他这个平民英雄的行为方式。

身赴火场，英勇无畏

2005年盛夏的一天中午，下了班的陈扬雄急匆匆地往家里赶，中午时间紧，做饭、吃饭得抓紧时间。刚进入小区，就听到一阵嘈杂的声音，陈扬雄抬头望去，只见小区靠近路边的一间出租屋正往外冒着黑烟，空气中能闻到塑料烧焦的气味，屋里传出哭叫声。一群人围在外边焦急地往里看，却不敢贸然进去，有的只顾大声嚷嚷，有的赶忙掏出手机报警,更多的是不知所措……陈扬雄三步两步跑过去,挤开人群,看到屋里的电视机周围已经燃起了熊熊大火,屋内的一个老人吓得瘫软在地。陈扬雄赶紧把工具包往地上一丢,迅速跑进去把老人从屋内救出。此时火势正在蔓延,人群中突然传来一声惊叫:"煤气罐!厨房里面有两个煤气罐!"作为燃气公司的员工,整天跟煤气罐、煤气管道打交道,陈扬雄知道若火势蔓延至厨房触及煤气罐,就会发生更严重的爆炸,不仅出租屋,连周边住户也将会受到更大危害。他连忙看了看屋内环境及火势情况,然后奋不顾身地冲进厨房,把一个煤气罐抱出来,放到远离出租屋的空地上,接着马不停蹄再度冲进去抱出另一个煤气罐。在这千钧一发的时刻,消防车呼啸而来。陈扬雄英勇无畏的行动,为阻止火势的蔓延、推进救灾工作的开展赢得了宝贵的时间。看到火势被有效地控制后,陈扬雄才安心离去。

陈扬雄身赴火场、英勇无畏事迹在广州港华内部广泛流传,他英勇无畏、临危不惧的精神成为企业内广大党员及员工学习的榜样。

乐善好施,捐助救灾

2008年3月,陈扬雄和另外两名同事代表公司党支部自费参加区义工联组织的赴韶关乐昌市慰问受灾群众活动。2006年的"7·15"特大洪灾给韶关乐昌人民造成了严重的创伤和巨大的损失。全省各地不少单位和组织每年不定期开展救灾助灾活动。在参与活动前,为了发动更多同事积极参与,陈扬雄带头捐款。他还利用公司刊物、公告栏、内部网站等宣传渠道,介绍灾区的情况,鼓励同事对乐昌受灾群众捐资捐物。同事们积极响应,纷纷捐款,共为灾民筹得1.25万元善款及一批衣物。

2008年的汶川地震及2010年的青海玉树地震中,陈扬雄带头各捐出了500元善款,并积极动员公司上下员工,成立义卖小组,在公司下属各营业厅义卖公司纪念品及员工捐赠的手工艺品。义卖活动与募捐活动一共筹得善款12.57万元。

并不是每一次都要亲赴灾区救灾，但一定是每一次都率先将爱心善款投到捐款箱内，用实际行动支援受灾群众，这就是陈扬雄坚守的道德价值。

组建义工，奉献爱心

陈扬雄爱岗敬业、踏实认真，赢得了公司上下对他的肯定。2005年7月，经党支部大会选举，他当选为广州港华燃气有限公司党支部副书记。为了积极履行职责，为员工、为企业、为社区多做好事、实事，陈扬雄决心在企业内部成立一支义工队伍——港华义工队。经过努力，2005年底，在一家180多人的合资企业里终于成立了一支50多位员工参与的义工队伍，外方总经理亲自担任顾问。

义工队伍建成后，除了密切参与番禺区义工联活动外，植树、助学更成了港华义工队每年固定的名牌活动。大夫山占地面积20亩的一片树林——"港华林"就是港华义工队伍种植的。如今，这片树林郁郁葱葱，成为市民们休闲锻炼的好去处。

义工队自成立以来，队伍不断壮大，参与服务的员工越来越多，家庭出动或者带着子女参加义工活动的更是常见。每年，港华义工队都到石碁培智学校开展探访活动，为这些异地务工人员子弟带来学习用品、体育用具，和他们一起座谈、做游戏。义工队的到来，丰富了孩子们的学习生活，让孩子们体会到爱，懂得了爱。

通过义工活动，员工之间交流多了，员工集体活动也多了。对于每次活动，公司宣传栏、内部刊物、内部网站都及时报道。就这样，义工活动与企业文化相结合，极大地改变了公司员工的精神面貌。

当前，社会正处于转型时期，各种不良心态、不良风气层出不穷，我们会被不同的价值观困扰，会对该怎么做感到困惑，网络、舆论场里经常弥漫着一种消极、浮躁的气氛。但看到陈扬雄等这些平民英雄们所体现出的爱岗敬业、舍己为人、无私奉献的精神，我感觉到我们的社会依然是向上、向善的。他们的平凡形象所体现的恰恰是不平凡的精神,是对社会、对大众发自内心的爱和关怀。他们用自己的善行义举,提振了社会的道德信心,同时也告诉我们一个道理:人要活得有价值,精神富有是必不可少的。无论身处何方,无论从事什么职业,让我们心里都坚守着一份责任和善良,让这种社会向善的力量更加厚重!

陈扬雄

2011 年 4 月获评"中国好人"。

2013 年 9 月获评"广州市第五届道德模范提名奖"。

以至诚之心待人　以平和之心处世

——记石楼商会副会长陈耀昌

□文　林灵

诚信是我们中华民族优秀的文化传统。在我国古代,"信"与"仁"、"义"、"礼"、"智"并列为"五常",称作"根本大法"。孔子曰:"人无信不立。"意思是说,一个人不讲诚信,他就无法立身处世。

古时候有"得黄金百两,不如得季布一诺"的故事,在当今,我们身边也存在着这样一些诚实守信的人,陈耀昌就是其中一个。在石楼镇,许多人都认识陈耀昌。这不仅仅因为他是石楼镇商会副会长,经营着潮田工业区的颢伟工业园,更是因为他诚实守信、勇于担当社会责任的处事态度。

见到陈耀昌,感觉他透露出一种正直而又和善的气质,让人相信他是一个平易近人的好人。平时,他的生活相当简朴,衣着简单整洁,办公室里也没有华丽的装饰。他的办公室墙上的题字"低调做人,诚实做事,开心过好每一天",正是他为人处世的真实写照。当地的人说起他的时候,都亲切地称他为"昌哥",赞扬他是和谐园区的管理者、光荣纳税的大户、敬老助学的模范。

和谐园区的管理者

陈耀昌经营的颢伟工业园建成于2002年,占地面积34600平方米,建筑面积50000多平方米。在这个园区里有26家企业,2100多名员工,还设有党支部和工商管理服务工作站。入驻的企业主说,他们就是冲着昌哥诚实守信的秉性而来的。陈耀昌的管理方法也为许多入驻的企业所称道。他凭着多年累积下来的管理经验,把工业园打理得井井有条。10多年来,工业园没有发生火灾事故、安全事故、拖欠工资的群体性事件。园区的企业主都说,这都是因为昌哥管理有方。

整个园区每天都是他最早上班,而到了晚上,也是他最后一个离开。无论风吹雨打,陈耀昌每天都要在工业园巡视,了解企业的经营管理情况,帮助企业搞好生产经营。

在2008年金融危机时期,颢伟工业园多家电子科技公司遭遇寒冬,经营困难。陈耀昌二话不说,立即减租免租,帮助企业渡过了难关,让这些企业主十分感动。

光荣纳税的大户

陈耀昌的颢伟工业园,生产经营规范,规模巨大,入驻企业每年的经济效益都不错,一些企业越做越大。工业园成功、快速的发展不但为数以千计群众的就业提供了支持,还为番禺区、石楼镇的经济发展做出了很大的贡献。

作为当地的一个纳税大户,颢伟工业园内的企业每年都向国家缴纳数千万元的税款。在陈耀昌看来,纳税是一件光荣的事情,能够把自己的钱用到支持国家的发展上面,是他作为公民应该承担的义务和最大的荣幸。因此他总是带头按时纳税,坚决杜绝自己工业园里的企业出现偷税漏税的违法行为,工业园每年的纳税工作都能按时按量完成。

敬老助学的模范

陈耀昌事业有成,却从来没有忘记自己身边需要帮助的人,经常为当地福利事业出钱、出力。他始终认为,自己生意上的成功离不开乡亲父老们的支持和帮助,为他们提供自己力所能及的帮助是应该的。

每年到了中秋节和春节,陈耀昌都会自己掏腰包到石二村敬老。他对待每一位老人都像自己的亲人一样,嘘寒问暖,亲自把慰问金送到老人们的手上,为他们送上家人般的温暖和节日的祝福。尊敬老人的他也关心下一代的成长。石楼镇东星村的黄雪玲是一个特困家庭的单亲母亲,她的子女连上学读书都成问题。陈耀昌得知她家的状况后,无偿资助她的子女完成学业。

这些其实都只是他的一小部分善举。连续6年,陈耀昌出资出力,资助石楼诗书画协会举行送春联活动,还免费为当地群众书写春联。同时,他还是广州市文物保护单位、番禺四大古祠之一——善世堂的修缮委员会的主力。他为保护文物出钱、出力,奔走呼吁,使得善世堂能够完好地保存下来。

陈耀昌的善举体现了中华民族诚实守信、尊老敬老、扶危济困的传统美德。他积极奉献爱心,共同营造诚信友爱、和谐文明的社会新风尚,为社会各项事业的发展做出了许多贡献。虽然他头上有许多荣耀的光环,但从来不骄傲自满,低调做人、认真做事的处事原则从来没有改变过。现在,他依然尽心尽力管理着工业园,依然坚持主动帮助有需要的人,这些都已经成为他生活中不可分割的一部分。

一个国家讲诚信,才能树立良好的国际形象;一个企业讲诚信,才能不断发展,做大做强;一个人讲诚信,才能赢得尊重,扩大影响。诚实守信的陈耀昌感动着许多人,他当选为"番禺好人"、"广州好人",实至名归!他是时代的一面镜子,是番禺乃至广州的荣耀!

陈耀昌
2013年3月获评"番禺好人"。
2013年5月获评"广州好人"。

身患重病侍奉三名八旬老人近十载

——记"孝老爱亲"好榜样代敏娥

□ 文 李小娴

身板结实、声如洪钟、笑容温婉,很难想象这是一位多年来一直与病痛顽强抗争的女人,她一次又一次面临亲人被病魔夺去生命的危险,但总是凭着自己的善良、乐观和坚忍化险为夷,在困难中生存并获得幸福。她就是沙湾社区的"孝老爱亲"好榜样代敏娥。代敏娥多年来无怨无悔地悉心照料因中风而半身不遂的婆婆和患有痴呆的公公,并将失去老伴孑然一身又因中风而行动不便的叔公接到身边一起生活。她用执着、坚忍、善良和勤劳,一点一滴地诠释了中华儿女孝敬老人的美德,赢得了大家的喜爱和赞美。

贴身侍奉公婆近十载

今年40岁的代敏娥是湖北人,已在番禺生活了20余年,结婚后就与丈夫一直住在沙湾社区,公公婆婆也住在同一社区。2005年,婆婆突患中风,导致半身不遂,代敏娥毅然辞掉工作,担负起了贴身照顾老人的责任。为了防止肌肉萎缩,代敏娥每天坚持帮婆婆按摩,喂水喂饭、洗澡、梳头、捶背、剪指甲,事无巨细,精心侍候,直至2009年2月,81岁的婆婆带着满足,安详地离开了人世。

婆婆去世后,84岁的公公只身一人,患有高血压、痛风等多种慢性病,身体状况令人忧心。为了方便照顾老人,不让老人感到孤单、寂寞,代敏娥主动建议公公跟子女一起生活。代敏娥的丈夫家中共有7个兄弟姐妹,大部分都住在附近,大家都愿意把老人接到身边照顾。老人毫不犹豫地选择了代敏娥一家,并说:"我就跟你们了,你们去哪,我就去哪。"

将公公接回家后,代敏娥更加无微不至地照顾老人的饮食起居,除了经常给公公讲一些外面的新鲜事和报纸上的新闻外,还每天抽空推公公到外面散步。因公公患有高血压、痛风等慢性病,饮食方面要非常注意,代敏娥会应天气而变换着做可口的饭菜。

随着年龄的增大,近两年来,老人开始患有痴呆症且病情慢慢加重,意识也逐渐变得混乱,不仅分不清家人,而且昼夜不分,经常在半夜两三点起床说已经天亮了。更为严重的是,老人不按剂量乱吃药,本来一天只能吃1片的降血压药,老人有时候一天就吃了3片。代敏娥只好与丈夫商量,一定要保证24小时陪伴老人,防止发生意外。白天由她陪伴老人,晚上则由丈夫守护。

由于老人的痴呆病情日益加重,经常认不得人,不仅记忆力严重衰退,性格也变得越来越像小孩子。代敏娥只好把公公当成小孩子哄着,尽量迁就他、满足他,并安静地陪伴他,听他反复地说起孩童时去捕鸟、划艇的经历。2013年5月,老人安详地离开了人世,享年88岁。代敏娥说:"他应该是回归大自然了,他念念不忘的就是孩童时去捕鸟、捉鱼的时光啊。"

主动挑起照顾叔公的重责

代敏娥丈夫的叔叔无子无女,本来与老伴一起住在养老院,2005年,叔婆因病离世,叔公于是搬回了位于市桥前锋大街的老房子独自生活。面对年过八旬、无人照料的叔公,代敏娥又主动挑起担子,经常乘坐公交车到叔公家,帮忙洗衣煮饭。2006年,叔公因为阑尾炎做了手术,为了方便照顾老人,代敏娥便将叔公接回了家悉心照料,但叔公因为不习惯跟晚辈一起生活,在康复后便坚持回到旧房子一个人生活。

2009年冬至,代敏娥邀请叔公来自己家一起过节。吃完晚饭后,叔公坐在沙发上突然抽搐、流口水,大家慌忙送他去医院,经诊断是轻微中风。代敏娥再一次提议让叔公搬到自己家里住,却又遭到老人拒绝。代敏娥只得更加频繁地来往于沙湾和市桥之间。一次，代敏娥与叔公闲聊时，叔公无意中说起自己前段时间独自在家时中风发作，倒在地上几个小时后才醒来。虽然嘴上没有多说，但代敏娥心中却暗暗后怕，也更加坚定了要将叔公接到自己家的念头。在与丈夫商量后，两人一起又做起了叔公的思想工作，几番"软磨硬泡"后，固执的老人终于被打动，卖掉了自己的旧房子，安心地搬到代敏娥家中。

为方便叔公的生活，代敏娥把一楼的房间布置好，并为老人准备了电铃，有事只要按铃就行了。在中风以后，叔公已经不太能说得清话了。每天起床后，代敏娥都要去看看叔公有什么需要，并反复问："今天想吃点什么？蒸蛋？丝瓜炒蛋？叉烧？"言语不清的叔公只需要点头或者摇头。"叔公刚来时嫌我们吃得太清淡，要自己做饭吃。我们本来也尊重他的意思，谁知道他总是买咸鱼吃，做的菜又油又咸，吃到中风又发作。我们又做了好久的思想工作，才说服他跟我们一起吃饭。"

叔公喜欢吃香甜的、咸的、肥腻的食物，但不爱吃青菜，代敏娥经常想着法子把青菜混入其中，却总是被敏感的叔公挑出来。无可奈何，为了叔公的身体着想，除了尽量不让叔公吃太多口味重的油腻食物外，她时常要在饮食上花心思，蔬菜尽量买叔公喜欢吃的丝瓜、冬瓜、苦瓜等瓜类，又变着花样给叔公做各种鸡蛋菜式，按照季节变化买来西瓜、火龙果、葡萄等各种水果，尽量做到饮食平衡又健康。她还买来牛奶、小蛋糕、饼干等零食，让叔公闲时看电视吃点零食。由于叔公年纪大，牙齿脱落，必须吃容易咀嚼的食物，代敏娥只好在家备了两个电饭煲，每天分开煮。即使是在家做蛋糕，她也要一式两份，一份给喜欢吃甜的叔公，一份给口味清淡的女儿。

在代敏娥的精心照顾下，老人家现在几乎不跑医院了，病痛也少了，精神矍铄，每天看看电视，在侄媳妇的搀扶下到附近散散步，生活平静又快活。

身患重病仍尽心侍奉老人

代敏娥自己的身体状况并不好，多年前因甲状腺问题做手术留下了后遗症。由于长期劳累，代敏娥的身体也慢慢吃不消了。从2012年

8月到现在,代敏娥因为甲状腺的问题已经6次进出医院,并接受了3次手术,体重也骤降10余斤。在她的天突穴位上,一条蜈蚣般的瘀红色的疤痕横卧在那里,她总是习惯性地用手去遮掩,像是要掩盖掉她曾经遭受过的苦痛一样。

虽然遭受病魔折磨,但代敏娥对老人的关心照顾却丝毫不减。在代敏娥生病住院期间,丈夫要在医院照顾代敏娥,只得托兄弟姐妹轮流到家中照顾叔公。康复出院后,代敏娥又马上接过照顾老人的担子:"叔公比起我来更需要人照顾,何况他的饮食起居我也更熟悉一些。"

两年前,代敏娥的丈夫下岗。在身体状况好转以后,为了帮补家用,代敏娥只好在家附近找些事做。"工作不好找,一来需要时间比较自由,如果老人有些什么需要我要马上回家;二来自己身体也不是很好,太劳累的工作干不了。"代敏娥说。现在,她在居委会找了份清扫的工作,"居委会的领导很照顾我,太重太累的活都不让我干,如果家里老人有需要或是身体不舒服也可以随时回家"。

在别人眼里,她乐于助人,富有爱心和同情心,但接受大家的帮助时总是惴惴不安,她希望自己可以自食其力,这样心里才会平静安乐。她说:"我也只是尽量在做好一个媳妇该做的事情,何况自己也总有老去的一天,自己做好些,也是为女儿做个好榜样。"

她平日没有特别的嗜好,工作之余就把全部心思都花在老人和孩子身上。她养了一条狗,这条养了将近6年的土狗为她带来了很多乐趣。偶尔闲下来,她就安静地坐着,看鱼缸里15条鱼儿欢快地游来游去。天气好的时候,她便陪伴老人到附近散散步。这样安宁的生活让她感到满足和温暖。当听到亲朋好友及邻里对她的赞美时,她总是淡淡地笑。"人人都是这样做的。"她反复说。在这样做的同时,给他人带来鼓励和教育的意义,这似乎不是她的本意,而是意外的惊喜了。

代敏娥

2013年7月获评"番禺好人"。

2013年9月获评"广州市第五届道德模范提名奖"。

2013年11月获评"广州好人"。

为民纾困的优秀警官

——"中国好人"范进彬的故事

□ 文 胡丽华

家住番禺区石楼镇海鸥岛的少年小龙,是一个苦命的孩子。出生第二天被妈妈遗弃,一岁时爸爸失踪,小龙自幼与年迈的爷爷奶奶相依为命,生活窘迫。屋漏更逢连夜雨。爷孙仨还面临一个更大的难题,小龙"黑人黑户"的身份一直无法解决。由于手续不齐、资料不全,小龙不符合入户条件,没有户口给他上学、村股份分红等带来重重困难。

这样的苦日子一天一天熬着,小龙也在一天天长大。2005年,小龙所在的社区来了一位年轻民警,名叫范进彬,小龙的命运悄然发生了改变。

当年,从警不久的范进彬调任海鸥岛社区民警。他经常走访社区群众,了解到江鸥村有位在读小学三年级的学生,8岁仍未登记户口,这个男孩就是小龙。小龙的遭遇让范进彬揪心,后来,他这样回忆:"户口问题与征收、生活、读书、村股份分红等息息相关,所以我一心只想着如何帮助小龙入户,彻底解决这个老大难问题。"

为减轻小龙的心理负担,范进彬先从关心他的学习和生活开始,掏钱买来文具、生活用品送给他,与他谈心,并与小龙的奶奶商量,主动为入户的事到户政部门咨询。他获悉,小龙的这种情况需要做亲子鉴定。于是范进彬多方寻找,几经周折终于与改嫁的小龙生母取得联系。可是,她顾虑重重,不肯做鉴定。

就这样，入户一事因为小龙生母的不配合而举步不前。小龙瘦小的身影总在范进彬心里挥之不去。范进彬常说，"做事贵在坚持"，对于小龙入户的事，他表现出惯有的韧劲。他每星期打一通电话给小龙的生母，还找上门去，苦口婆心地解释，希望她真正为小龙的将来着想，配合鉴定。范进彬的锲而不舍感动了小龙的母亲，她终于答应去做鉴定。

2007年元旦，范进彬放弃了回老家探望父母的机会，带着小龙及爷爷、奶奶，一起去接小龙的母亲做亲子鉴定。然而，车子到了，母亲却不肯出来，大伙儿兴奋的心情顿时跌入冰点。小龙的奶奶无奈地说："范警官，算了吧，我知道你已经尽力了。"

之后很长的一段时间，范进彬顶着小龙母亲的恶言，不屈不挠地给她打电话，晓之以理，动之以情，同时还与她分享小龙学习、生活的点点滴滴。在范进彬的努力下，小龙的母亲终于被打动了。2007年5月1日，订好机票的范进彬再次放弃探亲的机会，带上小龙和他母亲，走进中山大学法医中心，完成了至关重要、来之不易的亲子鉴定。

然而好事多磨，鉴定结果出来了，但根据有关政策，小龙只能将户口迁入到生母家中，对此，小龙的生母是万万不会答应的。该怎么办？范进彬着急了，他四处奔走，咨询相关人士，得知唯一的方法是让小龙的母亲放弃对小龙的抚养权，将小龙入户到小龙的爷爷名下。于是，范进彬再次找到小龙的生母，并取得了她同意放弃小龙抚养权的书面材料。至此，历经两年多，在范进彬的帮助下，小龙终于赶在2007年12月31日村里股份实施固化的最后一天办妥了入户手续。在之后的30年里，小龙将享有股份分红权利，他们家贫困的生活获得了最基本的保障。

"没有范警官的不懈坚持，小龙这辈子都不可能有户口，连我自己都想放弃了，范警官真是好人！"这是小龙的奶奶经常挂在嘴边的一句话，一家老少对范进彬的感激之情溢于言表。

小龙户口问题解决后不久，范进彬调任海心村社区民警，但他并没有忘记小龙。他多次向有关部门反映,为他们家申请了低保待遇。

由于从小缺乏父母的关爱,家庭经济极度困难,小龙背负着巨大的心理压力,形成了自卑、内向、寡言的性格,很少与同学交流,学习成绩也一般。范进彬经常去找他谈心,辅导他做功课,还特意找到老师,希望通过多提问的方式,帮助小龙融入班集体。慢慢地,小龙变得开朗、阳光了,学习成绩越来越好,还拿到学习进步奖学金。

不久后,小龙入读初中。为了提高小龙的成绩,范进彬和小龙一起探讨、研究学习的方法。小龙需要一台电脑,范进彬就联系义工组织赠送了一台。寒冬腊月,他还拉着小龙去商场买棉衣。小龙英语听力差,范进彬马上买来耳机送给他练习听力。同时,资助他在学校吃午餐,节省来回时间以专心学习。范进彬经常跟小龙说:"要认认真真,读好书,将来报答爷爷奶奶。"

现在,小龙已顺利考上市桥的高中。小龙的奶奶笑不拢嘴,逢人便说:"我们家真是遇上贵人了,想都不敢想,其他孩子都不一定能上高中,小龙能上高中,真是多亏范警官了!"

范进彬从事社区警务工作多年来,凭着对公安事业的一腔热情和让群众满意的信念,扎根基层,在平凡的岗位上默默无私地奉献。他利用自己在警校学到的法律知识,积极向辖区内的村干部、普通群众、治安员、治安积极分子、学校师生等开展普法教育,率先在社区举办法律知识讲座;他身兼辖区内5所学校的法制副校长,切实履行学校周边治安管理职责,实现学校治安零事故,被学生们亲切地称为"大哥哥";他想方设法为群众排忧解难,不厌其烦地调解群众纠纷,曾创下7年成功调解126宗纠纷的个人纪录;他不顾自己的生命安危,及时成功化解滋事不法分子的爆炸威胁,为广州第16届亚运会的安保工作立下汗马功劳;他与困难户"结对子",帮助患病困难群众及时得到医治;他为单亲母亲协调解决分户困难,及时化解群众的家庭矛盾;在繁忙的工作之余,他还经常抽空探望孤寡老人,送温暖、送爱心。

范进彬心系群众,以社区为家,不断研究创新辖区治安管理方法,经过多年的钻研和实践,总结出一套行之有效的社区管理方法,其管辖的社区治安环境不断好转,刑事案件每年都下降5%以上,治安形势大大好转,群众满意度不断提高,民意测评满意率达到99%以上,达到了"发案少、秩序好、群众满意"的工作目标。由于工作出色,管治有方,他连续3年受到公安部门的嘉奖,先后荣获个人三等功、广州市公安局"人民满意民警"、广州市"十佳"驻村民警、广东省"十大身边好人"、广州市公安机关创先争优"五带头"优秀共产党员等称号,并于2012年入选"中国好人榜"。

范进彬乐于助人、为民纾困的故事数不胜数,被誉为群众的贴心人。石楼派出所的黄教导员高度评价范进彬:低调,默默耕耘,有什么事自己想方设法处理,不张扬,不邀功。江鸥村治保主任说,从来没有见过一个警察,和群众没有任何关系,却互相联系得这么密切,范进彬是第一个,群众信任他。

"社区的事确实都很琐碎,本着做人的良心,既然选择了做一名人民警察,我们能做的,也就是这么一桩桩小事。说是职责也好,说是助人为乐也好。""累是累,但我觉得值!能让他人得到幸福,就是我人生价值的体现!"简单朴实的话语道出了范进彬身为人民警察为群众排忧解难的真实感受。

范进彬
2012年4月获评"广州好人"。
2012年4月获评"中国好人"。

黄浩章：敬业奉献的水闸工

□ 文　胡春辉

　　黄浩章是广州市番禺区莲花联围管理所一名普通的水闸工，在距城区最偏远、条件最差的藕塘水闸工作。他三十年如一日，默默无闻，无私奉献，无怨无悔，以对自己所从事事业的热爱和高度的责任感，不管风吹雨打，坚持对狮子洋水道及水闸的水情进行监测、记录，根据潮汐变化规律，实行开闸、关闸，并在一次次的巡查维护中排除安全隐患，使藕塘水闸没有发生过一起水浸农地和水塘的事故。由于为人和蔼友善，工作认真负责，同事们都亲切地称呼黄浩章为"章叔"。

坚守岗位，敬业奉献

　　藕塘水闸坐落于城区莲花联围管理所最远的位置上，人烟稀少，管理设施简陋，生活极为不便。特别是在十几年以前，水闸没有电，只能靠油灯照明、柴火做饭。就是在这样极其艰苦的条件下，章叔一直坚守在那里。直到近几年建起了水闸大楼，条件才改善了一些。

　　水闸日常管理工作贵在坚持。在藕塘水闸，章叔承担着看闸、护闸、巡查和设备维修养护等管理工作。对待每项工作任务，他都兢兢业业、任劳任怨、不折不扣地完成。记不清他多少次在风雨交加中巡查水闸，也记不清他多少次在酷暑寒冬中处理问题。对水闸和设备出现的问题，能自己解决的，他都及时主动地处理解决。同时，他坚持对水闸及设备进行经常检查、定期清扫、维护保养，不怕苦，不怕累，不怕工作枯燥，日复一日，年复一年，保证了水闸的正常运行。

凡是遇到台风天气，章叔都要24小时值班，不能休息，而且要冒雨巡查水闸，防止事故发生，做好开关闸记录和水位记录。2012年第8号热带风暴"韦森特"袭来，广东出现大面积降水，强风暴雨持续了整整4天，海面刮起了12级大风。在设备简陋、安全设施并不完善的水闸，他连续几天几夜，几乎是寸步不离，观察水情，巡视工程、设备、河道和堤防等，及时做好应对措施。当同事们都劝他回家休息时，他对大家说："这里就是我的家！"

几十年里，从干部到群众，都相信章叔。有水闸附近的村民说："章叔守得住清苦，耐得住寂寞，他守水闸我们放心。10多年前的一场洪水，如果不是他及时开闸泄洪，附近村都会被水淹没，村民的损失不知道会有多惨重。要不是他，我早没命了，更谈不上有今天的幸福生活。"

强化管理，不负使命

水闸与群众的切身利益息息相关，水闸安全是群众安全的重要基础。多年来，同事普遍反映越来越能感受到章叔对工作的执着、敬业和求实。

为促进水闸安全管理，近年来，上级部门开展了以"知民情、尊民意、解民忧、聚民心"为主要内容的"连心桥"行动。领导多次强调，水闸安全管理必须把群众路线贯穿于工作始终。

水闸安全才能使群众安全得到保障。章叔找到所领导倾诉了困难——水闸硬件设备维修成本很高，且设备监管也颇有难度。他提出，希望能在专业人员的指导下，对设备进行维修保养。

要改变既定的规则需要大量的经费投入，之后的维修也会大大增加成本。要是以往，极少有这种"破例"，但章叔的请求却受到了高度重视。在上级的大力支持下，藕塘水闸创新了设备维修保养模式，确保了水闸的安全。

在每年的汛前、汛后检查中,章叔都积极参与,不求索取,乐于奉献。他凭借自己多年在工作中积累的经验和技能,认真做好水闸看管及设备的维护工作。

藕塘水闸经过多年运行,存在着诸多的安全隐患。对此,章叔非常清楚,深感责任重大。在工作中,他利用了解使用流程、常见故障解决方法等经验,精心细致,小心谨慎,注重细节,从不懈怠。特别在开闸泄洪前后,他不间断地进行巡查,及时发现问题,将问题消灭在萌芽状态。

30年来,章叔坚持报送水情。不管是三伏酷暑、数九寒冬,还是雨雾霜冻,他都能准时观测水情,准时报送,为河道、堤防工程和水闸安全管理提供第一手资料。在过去通信设备落后的年代,多少次他曾因大雨天气道路泥泞,自行车无法行驶,步行几公里将水情报告送到管理所。途中不知摔了多少跤,流了多少汗,但是在他的心中,这些都是自己对事业的执着、应尽的责任。

辛勤耕耘,心牵藕塘

在藕塘水闸工作的30年中,章叔没有固定的节假日,也没有固定的上下班时间。他说,"睡是一张床,食是三餐饭"。生活对于他来说也就是这些,他也非常知足了。他将大部分时间都用在水闸的日常工作中,家庭大部分家务都压在妻子的肩膀上,妻子任劳任怨地为他承担了这些,全力支持他去做自己热爱的事情。尤其是遇到台风天气时,即使是在假期中或者在旅行途中,也会支持他第一时间赶回水闸,做好泄洪工作,防止事故发生。

在他的一次短途家庭旅游中,旅途的第二天他接到了台风将要登陆广东的消息,打电话回单位了解情况后,他却安不下心来继续游玩,匆匆结束了旅程,连夜赶回水闸做好抗洪工作。

水闸工难做,章叔做了30年。他整天忙碌于工作,随着年龄的增大,近几年来他的身体也难免出现些小毛病,但他不向组织提要求,不跟领导讲条件,一如既往地做好本职工作,出色地完成任务。

30年来,章叔与海水、大堤为伍,与寂寞、孤独做伴,把滴滴汗水洒在了藕塘水闸,把美丽青春奉献给了水利事业,用自己的行动诠释了"献身、负责、求实"的水利精神。

一种信念,一种追求;一份执着,一份坚守。现在,章叔仍然在继续坚守着……

黄浩章

2013 年 7 月获评"番禺好人"。

2013 年 11 月获评"广州好人"。

我奉献，我幸福

——记广州市番广客运公司 125 路车司机黄立青

□ 文 谭阳春

每天早上 4 点半，天还灰蒙蒙未亮，整个城市仍陷在睡梦中的时候，广州市番广客运公司 125 路车司机黄立青已经搭车从番禺市桥赶往丽江花园 125 总站上班。虽然早班车 6 点才开，他却早早地来到这里，检查车辆，搞卫生，把车倒好……为 125 路头班车的工作做必要的准备，期望给乘客安心舒适的感受。

以真心服务他人

一切准备就绪后，黄立青坐定，戴上白手套，等待调度室发出命令。5:50，随着铃声响起，黄立青启动汽车，徐徐驶离车场。

到站后，车靠站，停稳开门。

"早上好！"

黄立青自然地向每一位上车的乘客点头示意问好，乘客一一回应。车厢里顿时热闹起来，"早上好"的问候声声声传递着温暖。

一路开车，黄立青表情严肃，精神高度集中。双手紧握方向盘，眼观六路，耳听八方，脚下熟练地变换油门和刹车，还不时瞄一下车内倒后镜，随时掌握车内情况。

"老人家，你们坐好，要开车了。"若有老人上车，黄立青会小心叮嘱老人们坐好，才发动汽车继续前行；有抱着孩子的家长，他也会仔细叮嘱家长照顾好孩子……

两个小时的车程中,不时会有老人、小孩上车,黄立青若见没人给他们让座,就会按下提示语音;见到有人让座,他都会大声地对他们说"谢谢"。车上有乘客向黄立青打听坐车路线,他就耐心地回答在哪下车,转什么车,下车后怎么走。停站时,也有乘客过来询问,车能不能到达某某地,如果是知道的,黄立青都一一回答,不知道的,他就笑呵呵地对着乘客说"抱歉"。车厢内一直洋溢着温暖祥和的气氛,笑声时不时在车厢内回荡。遇到刮风下雨的天气,黄立青都会先把车停到靠近车站有雨棚的地方,方便乘客上下车。如此贴心、周到的服务,赢得了乘客的交口称赞。很多乘客都说黄师傅开的车稳当,并且很注重老人家上下车安全,坐他的车舒服又有保障。有的甚至特意记下黄师傅的车牌号码,口口相传,现在有很多老人家专门等着坐他的车。

黄立青还积极主动为乘客排忧解难。有一次,一位乘客在洛溪新城上车。看到那位乘客心情不太好,黄立青便主动问她原因。她告诉黄立青自己刚从522路公交车下车时忘了拿自己喜欢的两条裙子,丢了很可惜。黄立青问清情况后,考虑到522路是同公司的线路,应该可以帮助她找回失物,于是他留下乘客的电话号码,表示找到失物后联系她。下班后,黄立青致电522路的站务员,终于在当天傍晚帮乘客找回了遗失的裙子。

后来,黄立青收到了这位乘客发来的信息:"我的物品是在别的车上遗失的,但你都能想方设法帮我找回来,你真是一个好司机,我不会忘记你的。"一段时间后,公司收到了她寄来的表扬信。

这些暖人心窝的故事每天都在黄立青的125路车中上演着。

勤勤恳恳　兢兢业业

"微笑多一点,说话轻一点,肚量大一点,脾气小一点,做事多一点,理由少一点,嘴巴甜一点,脑筋活一点,行动快一点,效率高一点。"每一天,黄立青都这样要求自己。他从心底坚持着"热情服务,文明服务,文明驾驶,敬业奉献"的理念,以优质、贴心的服务感动了无数的乘客。

如今,黄立青累计安全行车公里数已超50万公里,其间没有发生一宗有责投诉记录。九年如一日的坚持,黄立青用自己的行动把"司机大哥"的招牌擦亮了,如今"粤AB5098"125公交车成了他的代名词。面对乘客的支持与掌声,黄立青只是淡然一笑,因为"做一个更有责任心、更有良心的交通人"的准则早已深深烙印在他心中。

2012年7月,南方电视台一名记者坐上黄立青的车,一连几天用针孔摄像头拍下了黄师傅的一举一动。当广州市"安全文明驾驶人"评审组观看完这名记者的暗访报道后,一位评审组专家感叹道:"这是新时期的活雷锋啊!"经过广州市评选以及后来全省的网络公开评选,黄立青以获得网络公投票数第一名的成绩当选2012年"广东省安全文明驾驶人"。2012年12月3日,广东省政府党组副书记、公安厅厅长梁伟发同志在表彰大会上为黄立青等15位获奖者颁发荣誉奖杯。

作为一名普通的公交车驾驶员,黄立青用自己敬业奉献的实际行动,影响和带动身边的每一个人。至今,黄立青共计受到新闻媒体表扬报道15次,获得乘客口头、来电、书信等形式的表扬30余次,"黄立青精神"成了公交行业竞相学习的楷模典范。2013年3月,黄立青当选为首届"番禺好人"。

黄立青

2013年3月获评"番禺好人"。
2013年6月获评"广州好人"。

为人民服务是永恒的旋律

——记首届"番禺好人"获奖者、番禺区洛浦街退休教师黄炎营

□ 文 苏靖雯

一般的老人家到了退休年龄大都选择在家含饴弄孙,过着闲适安逸的生活。然而,有一位老人家,因看见家门口沿江路段杂草丛生,年过六旬的他拿起锄头、镰刀,做起了义务园丁。他就是家住番禺洛浦街的退休老教师黄炎营。

除草之始

初见营伯,他穿着白色T恤、深色长裤,肩上背着一个普通的蓝色环保袋,精神矍铄地向我打招呼。谁也想不到他能凭一己之力将一段全长四五公里的人行道路上的杂草清除干净。提起除草,营伯说自己产生除草的念头很简单:"去年有一天我在家门口的沿江路段散步,见到人行道上杂草丛生,我就在想如果能将草清除干净,这条道路的景色会更加美好,行人也会走得更舒服、自然!"营伯于是马上行动起来。因为一开始不熟练,营伯用双手拔草,拔到手套磨损了,手掌起泡了,用了足足三周时间才把丽江桥到大石桥之间十几米的人行路段的杂草除掉。"后来我就懂得买工具,如锄头、镰刀,之后除草的效率就高了很多。"营伯还说,自家小区楼下的工具房原来是放置废弃家具、音响的,后来负责管理的小区保安知道营伯义务除草的行为,便把工具房借给他,方便他放置锄头、扫帚等工具。

"有了人民群众的支持,我干起活来更有劲啦!"营伯嘴边时不时都会蹦出"人民群众"、"为人民服务"这类字眼,他说自己是个老共产党员,是受党多年的教育和培养的。即使退休,他也总在想能不能为人民群众、为国家干些事。义务除草在他眼中是能够为人民群众带来好处的小事。"只要是对人民群众有好处,我就去做,并且坚决把它做好。"

除草之时

营伯兴致勃勃地带着我走了一遍他主要的工作地段,不仅有自家小区门口沿江路段,还有隔壁小区的人行路段、加油站的人行路段,以及东海小公园、加油站附近的人行道路、南岸食府对出门口路段的隧道。营伯每到一处都有说不尽的话。"你看看这里啊,我有一次想将一棵小树拔走,结果用力不均扭伤了腰骨,休息了好几天哩。"也因为这样,家人得知了他义务除草的行为。家人心疼地埋怨他为何要做这苦差事,他却回答:"我一点都不觉得苦,我觉得很快乐呀!"在营伯的坚持下,家人支持了他的除草义举。附近的环卫工人也给予他帮助,将清除的杂草用车运走。

营伯还谈起刚除草没多久,一干起活来就浑然忘我了,耽搁了回家吃晚饭的时间。路上有个卖西瓜的小贩,问道:"你一定是义务除草的义工吧?"营伯纳闷地反问:"你是怎么知道的?"小贩说:"看你在除草时这么认真卖力,连回家吃饭都忘了,也只有义工会做到这份上啊。"有些心明眼亮的人路过便猜到他是义工,常会给予他鼓励和支持。"其实,他们只是简单地说句'阿伯,你辛苦啦',我都觉得自己的付出是值得的。"

家人的支持、环卫工人的帮助、路过的人民群众的鼓励与支持成了营伯坚持的最大安慰和动力。现在他不只是着眼于清理人行道路的杂草,而是看见哪里需要他就去。8月份连续几天的大暴雨,把几条人行隧道淹没了。营伯就拿着水桶,一桶桶地把隧道里的水往外倒掉。后来发现效率不高,他又向环卫工人借了小型垃圾车,一车一车地将水排走。他见隧道里面仍有些积水无法排走,行人无法通行,就干脆自掏腰包买了木板搭建简易小桥方便行人通行。

除草之后

到了晚上,原来杂草丛生的沿江路边变成了欢乐的海洋,营伯就是其中的宣传员和组织者。多年来,营伯义务地给大家播音乐,每晚江边都是欢声笑语。他还成功地组织了东海花园首届中秋国庆联欢晚会,说起这些,营伯很自豪:"大家开心,我也开心啊!"

"为人民服务"这几个字,或许有些人听了会嗤之以鼻,但黄炎营——这位年过花甲的老人用实在的行动向我们证明了这几个字的真实存在。如他所说,在为人民群众做了自己力所能及的小事之后,你会感觉有力量充满整个胸腔,可能这就是现在人们所说的正能量,这种能量能让你继续坚持下去,永不气馁。

做好事不难,难的是一辈子都做好事;除草不难,难的是一直坚持下去;为人民服务不难,难的是终身信奉并以行动表现出来。

习近平主席在党的十八大上指出:"空谈误国,实干兴邦。"搞好生态文明建设,建设美丽中国,实现"中国梦",关乎每个中国人的梦想,每个人都可以为之贡献出自己的那一份力量。动人以行不以言。番禺区洛浦街退休教师黄炎营用自己实实在在的行为向我们展示了一曲美妙的乐章,而为人民服务便是其永恒的旋律。

黄炎营
2013年7月获评"番禺好人"。

让生命在奉献的汗水中闪光

——记首届"番禺好人"获奖者、区中心医院产科助产士简健清

□ 文 蔡昕珉 吴万红

她是一名助产士,2012年其所在产科年分娩量超6000人,平均每天为10余名产妇接生,最高纪录一晚接生17名,连续工作20多个小时。尽管她的盒饭热了又冷,冷了再热,却还没空吃上一口,而这位白衣战士仍然温和有力、一丝不苟。她还与医院孕期教育中心的老师一起建立了7个"说儿说女"QQ群,年轻的妈妈们通过互动分享经验,共同成长。她就是"优秀护士"、"服务之星"、"羊城市民最喜欢的护士"、番禺区中心医院产科高级责任护士——简健清。

准妈妈眼中的好老师

"简老师,我进产房了,现在羊水破了,您能过来吗?"

"简老师,我现在开始有规律阵痛了,您什么时候上班?能为我接生吗?"

"简老师,我要生了,我好害怕,您能来帮我吗?"

20多年来,简健清已经不记得有多少次在半夜被这样的电话、短信吵醒,也不记得有多少次放弃了宝贵的休息时间,匆匆赶回医院帮助准妈妈迎接小宝宝的到来。就连同产科的医生都打趣道:"阿清,这位产妇又是你的'粉丝'呦!"

之所以有如此多的"支持者",和简健清平时热心助人是分不开的。

除了每天在产房的繁忙工作外，简健清还利用业余时间积极参与医院母婴俱乐部的工作，定期为准妈妈们讲解拉玛泽呼吸减痛法。在她系统、专业的讲解和热心的帮助下，准妈妈们学到了更多关于妊娠、分娩和育儿的知识，面对分娩也能更加安心和冷静。正因为这样，简健清和许多孕产妇结下了深厚的友谊，被妈妈们亲切地称为"简老师"。

简健清有一个众所周知的习惯，那就是手机24小时开机并且时刻不离身。为了能够更加全面地了解孕产妇所需，及时为孕产妇答疑解难，简健清和医院孕期教育中心的老师一起为孕产妇建立了"说儿说女"QQ群。在群里，简健清不仅时常贴心提醒准妈妈们上课时间和孕期保健、产检的注意事项，而且为孕产妇们做了不少妊娠期及分娩前的心理疏导、答疑解惑工作，甚至还曾为几位在家中突然临盆的产妇远程指导，助其顺利前往医院并平安诞下婴儿。这些突发事件的发生更让简健清时刻牵挂着孕产妇们，不仅24小时保持手机开机，而且无论出门在外还是在家休息，都要常常拿出手机来看看QQ上有没有留言提问。

"新上任"的妈妈们对于宝宝的每一点成长变化都十分惊喜，所以群里总是交流不断，热热闹闹地分享着育儿经。尽管前几个群里的群成员都已经迎来了自己的宝贝，但没有一个人愿意退出"说儿说女"。相反，妈妈们的关系更加亲密了，时常带着自己的小宝宝出来聚一聚，就连小朋友们也成了一同玩耍的小伙伴。有时，简健清因工作繁忙来不及回复群里的提问，有经验的妈妈们也会热心地出谋划策。3年来，这样的QQ群已经开设了7个，超过3000位孕产妇加入这里，大家一起见证着自己和姐妹们初为人母的历程。

除了热心肠，让人信任、安心是简健清给人留下的最深印象。

2012年正值龙年分娩高峰，区中心医院产科每一天都忙得不可开交。众所周知，产科的工作琐碎而且风险高，助产士不仅要完成和护士一样细致的工作，还要承担和医生一样的风险。人长期处于紧张的奋战状态，很容易疲劳。但即便是最高纪录的17名产妇全部自然分娩的那一晚,人们也很难在简健清的脸上看见烦躁与慌乱的神色。她的声音永远那么温和有力,她的态度永远那么一丝不苟。简健清以自己高度的责任心、强烈的同情心给妈妈们带来了精神上的鼓励、心理上的安慰和体力上的支持。

一次,一位准妈妈在产前整整痛了两天三夜,简健清每次下班总不忘绕到她的病房,陪她聊聊天,温柔地安慰她放松心态。她细心的照顾和对分娩时注意事项的详细嘱咐使得这位准妈妈安心了不少,对简健清十分信任。临盆的那个清晨,这位紧张的准妈妈发信息告诉简健清自己马上就要进产房,十分害怕,希望简健清能为她接生。就在她痛得死去活来时,产房门被轻轻推开了,简健清和清晨的阳光一起出现在她的眼前。终于,这位准妈妈顺利分娩,母子平安。当她知道这位才认识了几天的助产士竟放弃了连续工作十几天后的轮休,专程赶回医院照顾自己时,感动得热泪盈眶,再三表示要请简健清吃饭答谢。简健清只是温和地微笑:"不用客气了,下次群里组织活动时带上宝宝一起出来玩就好了。"

还有一次,正准备下班的简健清经过产房时,看见一位正在生产的产妇因难产而脸色发白,大汗淋漓,十分痛苦。简健清没有犹豫,匆匆放下手袋,转身又投入到工作中。凌晨4点,这位产妇终于平安诞下婴儿,早已累得腰酸背痛的简健清这才松了口气。此时,她已连续工作了20多个小时。

简健清已经记不清自己上一次准时下班是什么时候,也记不清有多少次自己带去的饭菜由热变凉,由凉变冷,最后被原封不动地拎回家。她却并不因此而感到委屈,她说:"婴儿出生对我们来说,一天要经历十几次甚至几十次,但对于每一位妈妈来说,都可能是一生只有一次的大事。自己小小的付出能对她们有如此大的帮助,很值得。"她无私的奉献,为准妈妈们初为人母的经历减去了一分痛楚,增添了一分温暖。很多妈妈都说,只要有简健清在身边,分娩时就特别有安全感,仿佛也没有那么痛了。所以,简健清也被妈妈们亲切地形容是"用'爱'止痛的助产士"。

同事们眼中的好护士

在准妈妈们的眼中,简健清是温柔可亲的。但在同事们的眼中,工作时的简健清严肃认真得近乎苛刻。

经验丰富如简健清,很多时候只要看一眼产妇脸上的表情就可以大致推断出宫口开的程度,但在深入研究助产知识的道路上,她从不曾止步。在她时刻不离身的手机里,除了24小时接收的准妈妈们的信息、留言,还存满了关于产妇分娩时的突发情况和疑难问题的最新资料,这些都是她利用休息时间主动和来自全国的妇产科医生及助产士们交流获得的信息。

大多数助产士在面对产妇近乎窒息的紧张时,都会选择引导产妇通过拉玛泽呼吸减痛法放松。但由于过度的疼痛和紧张,很多产妇并不能很好地跟随助产士的指导,甚至会因为助产士过于机械、僵化的口令而更感烦躁,以至于这种科学的呼吸法有时并不能发挥其应有的效果。细心的简健清发现了这一问题,为了探寻能够最有效地安抚紧张的准妈妈们的方法,她主动学习了不少心理学方面的知识,并大胆地应用于临床助产工作。在产妇分娩过程中,简健清常常会以聊天的口吻指导准妈妈进行拉玛泽呼吸减痛法,甚至有时还幽默地和产妇们开开玩笑,帮助她们放松。

38岁的郭妈妈在产前被查出心脏二尖瓣关闭不全,被定为高危产妇。心理压力颇大的她在分娩时紧张得手足无措,却越着急越听不进护士所说的话,总是不能正确地用力,半天也没有丝毫进展。

这时,简健清皱着眉头走进产房,装模作样地"赶人":"快点快点,马上就到下班时间啦,到点我就走人了。我儿子还在家等我开饭呢,不等你啦!"

郭妈妈吓了一跳,委屈得眼泪都在眼眶里打转:"简老师,我……我生不出来。您留下来帮帮我,好不好?"

简健清点点头,放缓语调,认真地对她说:"那好,我会一直留在这里帮你。不过,你要相信我,按我说的做,好吗?"

郭妈妈顿时信心大增,忙不迭地点头答应,全神贯注地跟随简健清的指引。"很好,你越来越规律的宫缩说明宝宝很快就要出来和你见面了。不要着急,听我说,第一步……"

深夜两点,郭妈妈终于顺利诞下一个7斤2两重的可爱宝宝。而此时距离简健清的下班时间,已经过去了近10个小时。

这样的故事还有很多很多。作为医院"前辈级"的助产士,简健清总是提醒同事们要站在准妈妈的角度看问题,根据产妇的需要调整工作方法。在简健清看来,没有什么比母亲和孩子的平安还要重要。她常常说:"生孩子看似是很常见的普通小事,但风险性很高。分娩中的每一个细节都关系母婴的安全,绝不能有丝毫的差错。一切要以母婴为重。"因此,她要求同事对于助产工作的每一个流程和细节都毫不放松,即使是新来的实习生也不例外。在全科同事的共同努力下,区中心医院产科多次获得"优秀集体"称号,赢得了产妇和家属们的交口称赞,就连以接生率高出名的兄弟医院的医生来交流时都对中心医院产科的工作质量和工作效率啧啧称赞。

"很多人把我们称为'白衣天使',在我看来,这是一种赞美,也是一种信任。既然选择了'白大褂',就是选择了要用爱心、耐心、同情心为患者着想,用精湛的医术为患者排忧解难,每一个细节都必须考虑周到,绝不允许出一点差错。我们干的是错不起的良心活,我们肩上担起的,是对生命的责任。"谈起对于自己工作的认识,简健清的表情无比坚定。

儿子眼中的好榜样

没有人比妇产科医务工作者更能体会一个女子为人母的不易,也没有人比母亲更能理解孕育一个新生命对于一位女性来说有多么重大的意义。兼具两者身份的简健清对于"妈妈"这个词有着独到而深刻的感触。

简健清的儿子今年正读初三,面临着成长中一次重要的考验。但由于工作的繁忙,简健清并不能花很多精力在儿子的身上。懂事的儿子从不曾让她操心,学习十分刻苦,成绩始终在年级前10名。每每提起自己的儿子,简健清总是十分骄傲。"我并没有做什么感天动地的大事,也没有想过要赚多少钱。我只是希望从我平时的言行举止中,我的儿子能受到影响,学会与人为善,懂得拥有爱也是一种富有。"

在大部分科室中,如简健清般资历老、经验足的高级责任护士已经不再值深夜至清晨的通宵夜班。但考虑到产科工作的高风险和巨大的工作量,在产科工作了21个年头的她至今仍坚持值通宵夜班。儿子很心疼妈妈,不止一次劝她不要这样辛苦。但她从不曾停下,甚至有时并不是轮到她值夜班,看到夜班的同事们忙不过来时,也会不顾已经连续工作近10个小时的疲惫,主动留下来帮忙。终于,高强度的工作让简健清病倒了。住院整整13天的她时刻牵挂着在产房里奋战的兄弟姐妹们,出院的第二天她就回到了工作岗位上。

简健清高度的责任感、无私忘我的奉献精神深深感动了儿子。她用自己的言传身教,告诉儿子什么叫作责任,什么叫作担当。在儿子眼中,她不仅是温柔的妈妈,更是自己的精神榜样。

很多人曾经问过简健清:"是什么让你能够坚持二十多年如一日,关爱产妇,不离不弃?"

"繁衍后代,使人类生生不息是大自然赋予女性的一个神圣使命。"她说,"这20多年里,我见到了太多太多平时连扎手指都害怕的女子,她们在分娩过程中承受了巨大的痛苦,表现得那样坚强,这是一种生命的力量。我为此感动,也由此为我和我的工作而感到骄傲。"

是爱,让她对繁重的工作甘之如饴;是奉献,让她的生命闪闪发光。梵·高曾经说过:"爱之花开放的地方,生命便能欣欣向荣。"这位用双手迎接新生命的助产士,如夏花一般,绚烂多姿。

简健清
2013年3月获评"番禺好人"。
2015年11月获评"广州好人"。

甘当社区居民的"贴心人"

——记"番禺好人"、市桥街万丰社区居委会党支部书记简耀华

□ 文 何洋 何雅晴

37年前,他风华正茂,怀着一腔热血,欣然踏上了从事社区服务的征程;37年后,他步入耳顺之年,带着充实、满足和对继任者的信心,离开这个坚守多年的工作岗位。37年,历史长河中的一瞬,却是一个人最美的青春年华。市桥街万丰社区居委会党支部书记简耀华就是将自己最珍贵的时光全部奉献给了社区。

在社区工作的37年间,简耀华以甘为孺子牛的敬业精神,务实、勤奋的工作作风和舍己为人的奉献精神,展示了社区基层工作者的良好风貌,赢得了领导的认可、同事的尊敬和居民的赞许。

守望社区 矢志不渝

1970年,简耀华作为知青参加了"上山下乡"运动,来到番禺县灵山公社沙角大队工作。6年后,他被抽调回市桥桥东管理区工作,从此与社区管理工作结下了不解之缘。在上班的第一天,简耀华就将一位老同志的教导牢记在心头。这位老同志语重心长地对他说:"吃人民饭,穿人民衣,做人民事,一定要凭良心工作!"这句话成了他的座右铭,一直鞭策着他,让他在工作中不敢有丝毫懈怠。

在桥东管理区工作的头十几年里,简耀华一直担任治保主任一职,肩挑社区治安工作的重担。社区是居民的家园,安全是首要保证。

在工作中，简耀华兢兢业业，从不敢掉以轻心，"旧问题解决了，也许新问题又会出现，时刻都要紧绷安全这根弦"。于是，每天上班时间还没到，社区里就经常出现简耀华的身影，下班后他仍在忙碌。

正因为简耀华对待工作一丝不苟，在治保主任的工作岗位上没少给自己惹来麻烦。一次，简耀华在巡查中发现一个小贩将档口摆在了消防通道上，他担心引起消防安全隐患，上前耐心劝导让其离开。可该小贩不但不听劝说，还嫌简耀华多管闲事，不仅言语上恶意恐吓简耀华，还用手卡住他的脖子，幸亏路过的民警及时解救了他。像这样的情况，简耀华遇到过许多，但他从来没有因此退缩过。"社区平安，人民安居，我就心满意足了。"在简耀华和治安队员的辛勤工作下，社区治安状况日益好转，多次被评为治安先进单位。

敢于担当　永不懈怠

2002年，万丰社区设立居委，简耀华先后任居委会主任和党支部书记。人们常说："社区是个大箩筐，什么都得往里装。"社区工作看似平常，却十分繁杂，小到鸡毛蒜皮，大到民生救济，处处都得管好。

万丰社区是个开放式的社区，存在着出租屋多、商铺多、流动人员多等情况。社区人员复杂，自然隐患也多。作为万丰社区的"管家人"，简耀华身上的担子十分沉重。他养成了一个习惯，每天上班至少要在社区内巡查一遍，风雨无阻。社区步行一圈需要近两个小时，几年下来，社区里的每个角落、每栋楼都留下了他的足迹，他自己也不清楚到底走了多少路。在巡查中，他还十分注意倾听社区居民反映情况，及时处理好社区的小纠纷、小矛盾。日积月累，简耀华对社区情况烂熟于心，哪里存在安全隐患、哪里卫生状况差、哪位居民生活困难……他都一清二楚。对社区里什么事都心中有数，处理起来自然得心应手。

一次，辖区内一座药材仓库发生了火灾。该楼共有6层，底层为商铺，上面为住宅，火势异常凶猛。接报后，简耀华第一时间赶到火灾现场，投入救火工作。10分钟后，消防车来了，火灾现场一辆小车的车顶着火,存在着爆炸的危险,消防战士要简耀华马上撤离,但他执意留下来。"我当时想的是,只要有一个群众未安全撤离,我就坚决不撤离。"在救火时,上级领导询问简耀华该楼有多少层、有多少户、住了多少人,他马上一一回答。事后统计,数字与简耀华回答的一模一样。他掌握的第一手情况为救火工作带来了便利。因抢救及时,这次火灾没有造成任何群众受伤。经历此事,简耀华更加认识到,社区工作绝不能放松,要做到防患于未然,并且要对社区实际情况掌握得更加透彻。他因此也更加严格要求自己,把工作做得更加细致、到位。

不求回报 任劳任怨

在同事心目中,简耀华就像一头老黄牛,不知疲倦、不求回报、任劳任怨。简耀华直言,居委会的工作不轻松。如居民明明在家中,你上门开展工作,他就是不开门;居民做得不对的地方,你去管,他嫌你多管闲事,你放任的话,其他居民又说连这些小事都管不好。许多居民根本不理解居委会的难处,被骂是常事。

一次,一户居民家中装修,拆除了一些墙体,可能会影响整栋楼的安全。简耀华上门做工作,居民不理睬,认为自家的墙想怎么拆就怎么拆。简耀华屡次上门,对方均无动于衷。简耀华只能向有关职能部门申请,要求他们前来执法。而这时其他住户则认为居委"没用",小事都处理不了。每到这种时候,简耀华会觉得很憋气。不过,憋气之后,简耀华还是会带着居委会同事迎难而上,继续开展工作。让他欣慰的是,许多居民在骂过之后,第二天又会主动向居委会道歉,承认自己是一时冲动,居委会的工作其实很到位。简耀华形象地比喻,自己的工作就像是一台变压器,将来自社区的各种高压转化为低压再传送出去,维持社区的运转。

在几十年的社区工作中,有一件事让简耀华难以忘怀。2003年,"非典"爆发。当时,万丰社区刚好发现了一个疑似病人,该居民发烧感冒,有疑似"非典"的症状。出于安全考虑,须马上进行隔离。根据规定,需要一个人护送病人前往隔离区,并且陪护直到检测最终结果出来。当时人人自危,谈"非典"色变,与疑似病人接触,意味着有感染的危险。在领导传达指示后,简耀华想都没想,就主动提出自己前去看护。领导在凝视了他几秒钟后,点了点头。简耀华默默地回到家中,拿了些生活用品就出发了。值得庆幸的是,这位疑似病人最后排除了感染的可能。这件事,他到如今都没有告诉自己的妻子,生怕她担心。

还有几个月简耀华就将退休,卸下这沉甸甸的工作重担。回首37年的工作经历,简耀华有不舍,但没有遗憾。让他放心的是,居委会其他同事完全能接上他的班。"年轻的同志思维活、点子多、有干劲,完全能胜任我的工作,我放心。"在简耀华爱岗敬业优秀品质的影响下,居委会的同事们个个都有责任心,对待工作尽职尽责,形成了良好的工作习惯。

在退休之际,简耀华仍然坚守岗位,站好最后一班岗,不但做好日常的各种工作,还努力学习使用新的电脑设备和软件。他说:"在这个信息时代,我也要跟得上时代的脚步,努力充实自己。退休不退志,退休不退岗,继续发挥余热,为社区、为社会做更多的事情。"简耀华表示,由于工作非常忙,他最愧对的就是妻子。生活中,妻子对他的工作给予了很大的支持和理解,让他能够全身心地投入到工作中。退休后,他最想做的事就是好好陪妻子,弥补在家庭中的"失职"。

简耀华
2013年7月获评"番禺好人"。

他用爱心托起残疾事业一片天空

——记2012年"广州好人"江海豪

□ 文 李文峰

一场车祸使他落下了三级肢体残疾,他却没有消沉,满怀一腔热血投入到紧张、繁忙的助残服务工作中。七年如一日,他当残疾人的知心人,做残疾人的好朋友,为残疾人解决难题,替残疾人出谋划策,以自己的微薄之力,改变着一个又一个残疾人朋友的命运。

他就是被评为"2012年广州好人"的番禺石碁镇残联专职委员江海豪。

助残,使他的人生重新焕发出光彩

江海豪心中时刻装着残疾人,与残疾人交朋友,把爱心无私奉献给了这个特殊的群体。这和他一段特殊的人生经历有关。

2002年,23岁的大专毕业生江海豪怀着对未来的美好憧憬,回到家乡番禺石碁镇找到了自己的第一份工作。然而,人有旦夕祸福,在2003年的一场车祸中,江海豪的左臂臂丛神经受了重伤。父母带着他去了番禺和广州的许多地方,找了许多医生,最后左臂总算是保住了,但肌肉却一天天萎缩,左臂再也抬不起来了。后经鉴定,他被定为三级肢体残疾。

一个健壮的小伙子变成了残疾人,这突如其来的变故将江海豪击懵了,他感觉自己从天堂堕入了地狱。以前,江海豪酷爱运动,篮球场上常常活跃着他矫健的身影,而现在,他却只能在篮球场边望球兴叹。由于残疾和治病,他的工作也丢了。

更可怕的是,伤病不但侵袭了他的肢体,也开始噬咬他的灵魂。一向乐观开朗的他变得敏感而脆弱,不愿意和人交往,总是担心别人看不起他。江海豪后来回忆说,在相当长的一段时间里,他十分沮丧和颓废,看不到任何人生的光亮,在他的眼里,整个世界都是灰色的。

可是生活还得继续下去,不甘心从此堕落的江海豪在亲友的不断鼓励下,开始面对残酷的现实,迎接命运的挑战。他开始锻炼身体,打不了篮球,那就跑步吧。跑步对他残疾的左臂没有帮助,但至少可以使他健康起来。"有了健康的身体,就有机会实现自己的人生价值。"接着,他开始计划重新找工作,他可不愿意一辈子做"啃老族"。

2006年11月,番禺区残联在全区公开招聘残疾人专职委员。江海豪知道这个消息后,立即鼓起勇气报名应聘。经过笔试和面试,他成功受聘,如愿以偿地找到了新的人生起点。

痛苦难忘的人生经历使江海豪能清楚地理解残疾人群体所遭受的人生痛苦和面临的社会窘境,对助残事业意义的理解也深刻得多。从此,"全心全意为残疾人服务"就成了他人生的一个信念。

"能帮到残疾人,是我最大的快乐"

残联专职委员这个工作岗位让江海豪找到了发挥才干的机会。石碁镇哪里有残疾人需要他,他就出现在哪里;哪里有困难,哪里就有他忙碌的身影。他想用仁爱去温暖残疾人的心。

江海豪印象最深刻的事情就是在2007年第一届"送光明"活动中,他为低涌村一位90岁的老人申请了免费白内障复明手术。在做手术之前,因为患白内障,老人很多年几乎看不见东西,平时都是靠拿着烂拖把或一根竹竿走路。白内障复明手术后,老人的眼睛恢复得很好,她每天都从低涌村走路到海傍村买菜,生活完全能自理了,整个人的精神状态与之前相比判若两人。她非常感谢江海豪,感谢政府。

在江海豪的帮助下，每年都有不少白内障患者成功进行了手术申请，重见光明。2012年，他组织了42名疑似白内障患者到石碁镇人民医院初步筛查，组织了13名符合手术要求的白内障患者到广州中山眼科医院进行手术。从白内障手术后一张张欣喜的笑脸上，江海豪读懂了这份新工作的价值，也充分品尝到了帮助残疾朋友的快乐。由于江海豪出色的工作，他被评为2007年度广东省优秀残疾人专职委员。

创建番禺首个社区精神康复站

江海豪扎实地推进残疾人康复工作。石碁镇康园工疗站自2009年11月投入使用至今，受到社会的广泛关注。2010年，在江海豪和石碁镇残联的努力下，康园工疗站升级改造为番禺区首个社区精神康复服务站，为社区精神残疾人员提供日间托管、康复训练、辅导就业、心理咨询等服务，为社区精神残疾人员充分参与社会、融入社会提供了平台，搭建了桥梁。

江海豪还非常重视推动残疾人体育运动的开展。他认为残疾人体育运动是鼓励残疾人身残志坚、顽强拼搏的良方。做好了这方面的工作，能帮到更多的残疾人，但很多残疾人内心比较封闭，不愿意与别人多沟通，更不用说参加体育运动，因此，常常需要家人、朋友、社会的共同行动。在他的努力下，石碁镇越来越多的残疾人参加到体育运动中来，还在各种运动会上获得了不错的成绩。

金山村一个叫曾美开的女孩，视力有些问题，原来非常内向，不愿意和其他人多接触。江海豪见她身体条件很好，带领义工多次上门做思想工作。在江海豪的鼓励下，曾美开终于开始从事自行车运动，参加各种比赛。2010年，她参加全国残疾人运动会自行车计时赛，打破了全国纪录，获得第二名的好成绩。曾美开现在是广东省残疾人自行车队运动员，每次回来都会主动和江海豪联系，两人成了很好的朋友。

"作为一名残疾人专职委员，除了要有爱心外，还要细心，最重要的是还要有肯为残疾人朋友服务的心。"这就是江海豪的工作心态。

帮助残疾人就业，重扬生活的风帆

对残疾有切身感受的江海豪来说，让有工作能力的残疾人找到工作，自食其力，这是解决残疾人问题最好的办法。找到工作，既可以减轻家庭及社会的负担，改善生活，又可以帮助残疾人重燃生活的信心，更好地融入社会。在这方面，他做了大量的工作，也取得了非常丰硕的成果。

就业难是一个令人头痛的时代难题。正常人就业都难，解决残疾人就业问题更不是一件容易的事。江海豪首先到基层详细地了解每一位残疾人就业的能力和愿望，并一一记录下来。为了给残疾人朋友寻找到更多的就业机会，江海豪主动拜访招工的单位和企业，动员它们献爱心，给残疾人提供合适的职位。他还主动联系镇劳动服务中心，要求企业在参加年审前，先参加残联年审，在年审过程中遇到问题立刻向上级残联反映。精诚所至，金石为开，江海豪的爱心和真诚感动了不少企业，它们纷纷向残疾人敞开了怀抱。到2012年年底，江海豪已帮助10多名残疾人走上工作岗位。

前锋村的梁志永肢体有些残疾，初中毕业后待业在家，在江海豪的帮助下进了一家工厂做了工人，这几年工作得很好。石碁村的叶柄康一条腿残疾，从韶关学院法律专业毕业后找不到工作，待业在家。江海豪打听到石碁供销社正好在招人，便成功地将他介绍到供销社，叶柄康和他的父母非常感激。

许多时候，推荐残疾人就业不是面试一两次就能成功的，江海豪总是不厌其烦，一次一次地推荐，直到成功为止。

江海豪说，帮助残疾人找工作，最难过的还是残疾人心里的那道坎。许多残疾人虽然肢体上或其他方面有些伤残，但并没有完全丧失工作能力，他们不肯出来工作，主要是自卑心理作怪，担心找工作遇到挫折，更担心在社会上受到歧视。有些人则一直靠补贴过日子，形成懒惰的思想，不想自食其力。江海豪总是以自己为例，现身说法，到村中拜访每一个有工作能力的残疾人，耐心细致地做思想工作，消除他们心中的顾虑,鼓励他们勇敢地找工作。

"助残工作,就是做善事"

在日常的工作当中,江海豪负责的都是一些看起来很琐碎的事情,但这些琐碎的事情却能真正地帮助到残疾人朋友,所以他毫无怨言,全力以赴。

2012年,他共为574人次残疾人申请残疾人专项补助,并及时将专项补助金611100元发放到残疾人手中;为符合条件的211名残疾人申请农合缴费资助,发放资助金16210元;为59名贫困残疾学生或者贫困残疾人子女申请学生补助,其中,贫困残疾学生31人,贫困残疾人子女28人。他共为2224名残疾人及疑似残疾人进行了基本情况调查,通过调查发现残疾人,登记残疾人,帮助残疾人,鼓励残疾人办理第二代残疾人证,提高办证率,为全区残疾人享受社会保障以及公共服务的普惠政策提供数据支持。

江海豪默默无闻的无私奉献,得到了残疾人朋友的广泛认可,石碁镇残联理事长杨颖也给予高度评价。她说,江海豪非常热爱残联工作,工作起来有耐心、很细致,这和他本人就是残疾人,对残疾人的痛苦和遭遇有切身感受有关。

对助残工作,江海豪也有他自己独到的理解。他说,助残工作可以帮助到生活在社会底层最困难的群众,他与同事们每天的工作就是做好事、做善事。正因为有此认识,他不怕苦、不怕累,力求将每一件事都做到最好。

江海豪

2012年获评"广州好人"。

黎艳芬：以诚立业、以信致远、以爱致美

□ 文 林灵

在番禺，说到黎艳芬这个名字，认识她的人都竖起大拇指称道：她是一名诚实守信、热心公益的女企业家。在生活和工作中，她始终坚持"以诚立业、以信致远、以爱致美"的理念，大家都说，黎艳芬被评为诚实守信的"番禺好人"是实至名归，也是番禺女企业家的光荣。

广州莲旺纸品有限公司总经理黎艳芬是番禺区女企业家协会副会长、广州市女企业家协会副会长，曾获得过"民营企业入宪30周年风云人物"、"广州市优秀女企业家"等荣誉称号，被评为2010—2011年度番禺区"巾帼献才建功"先进个人。20多年来，不仅黎艳芬和她的广州莲旺纸品有限公司为地方的经济社会发展做出了较大的贡献，同时，她作为女企业家的特有魅力和散发出的正能量，也深深地影响着身边的人。

以诚立业

黎艳芬深深地意识到：参天大树挺拔耸立，靠的是深扎大地的根默默的滋养；凌云高楼气势撼人，靠的是厚重坚硬的基石无语的支撑；要把事业做稳做好，靠的就是诚实守信。诚实守信也需要强大的实力，而实力则来源于学习和实践。因此，在管理莲旺纸品有限公司的同时，她不忘充实自己。她好学上进，修读完了工商管理本科课程和中山大学MBA（工商管理硕士）管理课程，并且还在工作繁忙之余学习绘画、书法，不断提升

自己的综合素质和思想境界。同时,她还将这种奋发图强、开拓进取的精神带到了公司,赋予莲旺纸品有限公司无限的生机和活力。

随着公司的不断发展,黎艳芬敏锐地意识到现有的资源和技术已经不能满足需求。她从细节出发,结合社会趋势和发展需求,大胆地加大了环保包装、轻便式循环货架等各类产品的开发创新。近几年来,在她的带领下,莲旺纸品有限公司在科技创新、知识产权建设等方面取得了众多的突破,成果丰硕:成功研发了应用于包装纸箱上的低碳环保循环再造的技术,防水防潮的新技术,新型防震防护防水密封、有坚韧性的耐抗包装产品,获得6项专利。

经过多次的技术革新,莲旺纸品有限公司的产品质量不断提升,得到了省、市以及国家的认可。公司的产品符合国家、国际相关产品质量标准,在省级、国家级的产品质量监督抽查中均没有任何不合格记录。公司多年来未发生过任何质量安全事故,且公司的相关经营活动均能严格遵守国家相关法律法规和标准,切实履行经营者的法定义务,质量诚信管理体系健全,信守合同。为此,莲旺纸品有限公司多年来的获奖和荣誉多不胜数:"全国质量信用企业"、"产品质量信得过企业"、"国家质量检测信得过产品"、"国家质量监督合格产品"、"全国出口危险货物包装容器质量许可证"、"广州市民营科技企业"、"广东著名品牌"、"广州市印刷包装质量大赛金奖"等。莲旺公司获得的这一切荣誉,都离不开黎艳芬的长期努力。她把学识的优势发挥到公司产品的技术提升中去,更把自己"以信立业"的精神带到公司的员工中去,使莲旺纸品有限公司在市场竞争中占得先机,稳步发展。

以信致远

一个企业要想不断发展,走得更远,不但要有过硬的技术,更需要具备诚信经营的理念。黎艳芬一直坚持"以信致远"的理念,并且踏踏实实地落到实处。

黎艳芬的公司一直都认真履行对员工、客户、供应商以及社会和环境的责任。企业严格按照国家的法律法规与客户和供应商进行公平交易;在安全生产方面毫不松懈,关心员工的职业健康,以诚待人,保护他们的合法权益;在生产发展过程中注重环境效益,节约生产资源,注重保护生态环境。这些做法令企业与客户、员工和社会之间构建起互相支持的友好合作共赢关系,为企业的生产带来了便利和长远的发展前景。

黎艳芬最令人称道的就是恪守商业道德的品质,她坚持与客户诚信合作。黎艳芬经常带头组织学习《中华人民共和国合同法》和有关法律法规,依法使用合同示范文本签订合同。组建了健全的合同管理机构和合同管理人员队伍,建立了切实可行的合同管理制度,并自觉接受工商行政管理部门和税务部门等有关部门的监督检查,如实反映本企业合同签订和履行情况,坚持依法纳税。

2008年年底,莲旺纸品有限公司接到一个国外客户的订单,是一份要求印刷精准度接近柯式印刷水平的高效果技术订单。黎艳芬显示出她不输于男性的气魄,马上接下了订单。为了生产出达到客户标准的产品,她亲自和各个生产部的主管以及机长进行产品的改良。连续30多个日日夜夜,黎艳芬的团队遭遇了无数次的失败,不断改良,不断试产,花费了将近60万的试产费用。功夫不负有心人,在他们锲而不舍的努力下,改良的产品最终得到了客户的认可。这一诺千金的分量,让客户深受感动。其实,这单生意的利润并不大,但对于莲旺纸品有限公司技术和企业信誉度的提升有很大的帮助。

身为一名女企业家,黎艳芬以女性特有的眼光和过人的能力,通过信用管理、信用服务,恪守重信用、重合同、重质量的诚实信用原则,使莲旺纸品有限公司在合作伙伴中赢得了优秀的企业信誉,多年来获得"广东省守信用重合同企业"、"重质量、讲信誉、树品牌"示范跟踪单位、"广州市诚信印刷企业"等荣誉,为公司带来无限商机。

以爱致美

大爱最美,这是黎艳芬对美的阐释。以爱致美,这是黎艳芬对美的追求。她始终觉得,自己的成功离不开多年来社会各界的帮助,如今自己有了成绩,就必须回馈社会。多年来,黎艳芬积极履行社会责任,热心社会公益,努力为妇女儿童以及老人做好事、实事。

作为一名母亲,黎艳芬一直关心贫困的家庭和孩子的未来,连续多年为爱心妈妈捐款,为残联爱心活动捐款。在得知石碁镇的多名孩子因为家庭贫困而无法正常入学时,她慷慨解囊。在关心青少年学生的同时,她也非常关心老年人的晚年生活。连续9年,石碁镇南浦村的敬老活动都少不了黎艳芬的身影;连续7年,她都坚持到群星村开展敬老活动,为老人们送钱送物。作为一名中国人,她愿意为国家贡献自己的力量。在同胞们受到汶川地震、玉树地震、西藏雪灾、云南旱灾等自然灾害的无情打击时,她多次捐款捐物,积极救灾,奉献爱心。而在父老乡亲的心中,她还是一名热心文化事业的好邻居。为丰富群众的文化生活,她出钱搭建舞台、邀请戏曲班子为群众表演,增添了节日的喜庆气氛。她还出资改善了石楼镇群星村的文化、体育设施,积极支持当地的新农村建设。

总之,只要是身边有需要帮助的人,她都会尽力为他们提供帮助。用黎艳芬自己的话说,"尽自己的能力去帮助需要帮助的人,努力地尽一份社会责任,为保持地区经济繁荣、社会稳定源源不断地贡献自己的微薄之力"。

巾帼不让须眉的黎艳芬靠着自身的不断奋斗,带动企业的发展,用产品的质量展示自己的实力,用诚信的理念展示自己的魄力,用公益的精神展示自己的魅力,让广州莲旺纸品有限公司长期保持旺盛的生命力和竞争力。而她的以诚立业、以信致远、以爱致美,也深深地感染和温暖着身边的人。

黎艳芬

2013年7月获评"番禺好人"。

2013年9月获评"广州好人"。

李广铭：挺身力救被撞命危老人
正能量改变"中国式救助"误区

□ 文 钱薇

2013年3月25日，经过32万人票选，他和另外9名不同行业的爱心人士获得首批"番禺好人"的称号。番禺区区委副书记、区政法委书记刘苑珊向他颁发了番禺区见义勇为基金会奖励金及荣誉证书，而他当场将全部奖励金捐给了番禺区慈善会，希望让更多需要的人得到帮助。

他，就是年轻的"80后"战士李广铭。

"扶老携幼"是我们从小就懂的一项基本道德素养，但如今，"中国式救助"竟成了国人一个难解的心结。路遇不慎跌倒的老人，扶还是不扶，眼见不幸受伤的老人，救还是不救，竟成了"救人"还是"自保"的选择题。很多人有善心却不敢有善胆、不敢有善举，而"80后"战士李广铭却用行动告诉我们，解决这些"难题"其实仅仅是举手之劳。

惊险一刻　全力急救

时间：2013年2月17日11:59。

地点：番禺大石街朝阳西路东联步行街公交站旁。

探亲假的最后一天，李广铭在附近的代售点刚买完飞机票，就听到"砰"的一声响，前方一辆公交车突然停下，旁边一位老伯蜷卧在地。

家住番禺广州碧桂园的七旬老伯张永合患心脏病多年，事发时正独自骑电动车从大石人民医院回家,不幸被同方向驶过的公交车撞倒。公交车虽当即停下,老伯却早已昏倒在地。

正值中午时分,街边路过的人很多,人们围观着、议论着,却没一个人走上前帮助这位老伯。公交车司机也因为害怕被指责、被打骂,紧张地一直躲在车上打电话求助。

李广铭挤进人群,看到蜷卧在地的老伯,立马冲上去,一边扶起老伯,一边掏出手机拨打110和120。当时老伯已经处于昏迷状态,脸色发青,嘴唇发白,左手腕内侧和嘴角都有血迹,呼吸也慢慢减弱。

"当时情况很危急,我也没来得及多想,只是出于本能地怕老伯有生命危险。"李广铭想起曾在部队学过心肺复苏术,他当即请求围观群众的帮助,但无人搭理,人群中夹杂着"还是等警察来了再说吧"之类的劝言。

时间一分一秒地过去,看着命危的老人,李广铭只好单膝下跪,小心翼翼地将老伯拥入怀中,垫在自己大腿上,然后为老伯掐人中、按压胸部,展开了一系列的急救。经过几分钟的抢救,老伯的身体终于颤抖了一下。

"大叔、大叔……"李广铭为老伯擦拭着脸上的血迹。"大叔,你不能睡着啊……大叔……"李广铭不断呼唤着老伯,其间还不忘示意过往车辆避开老伯,直到救护车赶到。

全程陪伴 一刻不离

时间:2013年2月17日12:00～14:30。

地点:武警番禺医院。

"情况紧急,马上做CT。"

老伯被送到医院后,一直处于昏迷状态。经CT检查诊断,老伯左手骨折、肺积水,并伴有轻微脑震荡。

由于老伯被撞倒时独自一人,无人照顾,李广铭放心不下,也陪同老伯到了医院。

"当时看他一个人跑上跑下的,还以为他就是肇事者,对他的第一印象并不好。"当天接诊的护士杨慧彩说,"平日接急诊,跟着病人过来的大多都是肇事者,主动救人的陌生人一起来医院,比较少见。"因此,杨慧彩也误把李广铭当成了肇事司机。"我让他赶紧去帮老人挂号、做检查,语气有点凶,但他一直没解释什么。"

在医院,李广铭帮老伯挂号、取药,陪老伯做各项检查,并为老伯垫付了部分医药费。他一直没离开,等老伯慢慢清醒。

"那个小伙子就站在床边,也不说话,就这么看着我。"在老伯有意识后,李广铭打听到了老伯家人的联系方式,并电话联系到了老伯远在增城的妻子徐阿姨。

"当时他打电话来,说我老伴出事了。我第一感觉就是吃惊,以为是个电话骗子,不相信他。后来打电话了解,才知道真的出事了。"徐阿姨当天下午就与儿子赶到了医院。

"我爸这次算是把命捡了回来,要不是你挺身相救,后果真的不堪设想!"老伯的儿子一遍又一遍道谢,还从包里掏出1000元以表谢意,但李广铭坚决不收。

"他的姓名和工作单位也不告诉我们,说了一声'应该做的'就走了。"徐阿姨说,"他很低调,救了人,连名字都不肯说。这让我们心里很过意不去。"

确认老伯没有生命危险后,李广铭才悄然离去。此时,他已在医院陪伴老伯近3个小时了。

多番打听　原是"80后"战士

时间:2013年2月17日晚至2月18日。

地点:武警番禺医院。

后来,因为放心不下老伯的病情,李广铭又和女朋友提着水果到医院探望老伯。此时,老伯已经神志清醒,在家人的搀扶下能够缓缓起身。看见老伯病情好转,李广铭心里踏实很多,正当转身离去之际,徐阿姨拦住了他。

"小伙子,把你的名字和工作单位告诉我们吧,我们一定要好好谢谢你!"

"真的不用谢,这是我应该做的。"李广铭腼腆地说。

在老伯夫妇的再三追问下,李广铭和徐阿姨互留了电话。

当晚回到家后,李广铭简略地告诉了父亲李勇智有关老伯的事情,还嘱托家人有空去看望老伯。

然而,当李广铭的姐姐第二天来到病房时,老伯已经出院。李广铭的姐姐只好电话联系老伯的妻子,询问情况。

"通过他姐姐,我们才知道原来他叫李广铭,在广西已经当了7年的兵。"得知救老伯的小伙子原来是一名军人,徐阿姨非常感慨。

送锦旗　感谢救命恩人

时间:2013年3月1日。

地点:番禺大石街道办。

在大石街道办工作人员的帮助下,几经辗转,老伯才得知,年仅25岁的李广铭是土生土长的"广州仔",家住番禺礼村,目前是广西桂林某部队二级士官。

出院后的老伯不顾疼痛和行动不便,带着锦旗和感谢信亲自来到大石街道办。"为了感谢这个小伙子的救命之恩,我们多方打探,好不容易才跟你们联系上。感谢你培养了这么一个好儿子!"老伯与李广铭的父亲见面后,相谈甚欢。

"这么多年来,他一直都很孝顺,不管是工作还是生活,遇到问题都主动跟我们商量。当兵后,两三天就打电话给我们,每两个月就寄钱回来。去年他休假时,我刚好60岁,他还买了台42寸的大电视。"说起儿子李广铭,李勇智一直很自豪,"我这个儿子蛮老实听话的,喜欢交朋友,比较活泼,从小就很懂事。"

找到"最美战士"

时间:2013年3月2日。

地点:广西桂林某部队。

受老伯的委托,大石街相关负责人带着老伯的锦旗和感谢信来到了广西桂林李广铭所在的部队,并找到了这位热心的战士。

老伯在感谢信中写道:"小伙子唤醒了昏迷的我,同时也唤醒了我对生命的渴求……"

"我们也是在感谢信送到团里后,才知道李广铭救人的事。之前他回到部队,都没向我们提过。"李广铭所在部队的领导说。

回部队已有12天的李广铭,再次回想起救老伯的事情,只是微微地笑了笑:"我当时只是凭着自己的良心。我是一名军人,这是我应该做的。"

得知李广铭救老伯的事,李广铭的战友们丝毫也不感到意外。"他呀,用三句话概括,就是'特别能吃苦,特别能忍耐,特别能战斗'。""班长就是这样一个助人为乐的人,待我们亲如兄弟。"

从穿上军装的那一刻起,李广铭就懂得捍卫国家利益,保护人民群众生命财产安全是军人的职责。7年里,他多次单独或联合执行任务,先后参与了广西资源县抗冰救灾、广西河池地区抗旱救灾以及广东茂名抗洪救灾等重大救灾任务。他连续3年荣获"优秀士兵"称号,连续两年荣获"优秀党员"称号,他所带的班集体连续3年被评为"先进班集体"。

近3年来,李广铭默默捐资助学。作为部队附近村小学的校园辅导员,李广铭每周都会为孩子们辅导功课、讲军旅生活。他还时常为村民做些力所能及的事,如挑水种菜、修补房屋、打扫卫生等。每个月的工资,除了寄给父母外,剩余的钱李广铭几乎都捐给了贫困学生和孤寡老人。

"2006年送走的那批新兵中,我们村就他一个到现在还留在部队里。"大石街礼村村民兵营长介绍说,"按照国家规定,义务兵在部队服役两年后退伍,回到地方可以分配工作,但李广铭一心立足部队,坚守至今,实属难能可贵。"

作为李广铭的"启蒙老师",部队的教导员十分清晰地记得:"那是一场集中所有新兵参加的'尖子比武',5公里越野他花了20分20秒、渡海登岛花了3分05秒、手榴弹投远56米,3项总成绩排名第一,一鸣惊人。在去年只有连队各班长才有资格参加的实弹射击任务中,他更以命中靶心的优异成绩获得'神枪手'的称号。"

35天后相见 感恩常在

时间:2013年3月24日。

地点:番禺大石街道办。

一个多月以来,老伯一直寻思着亲自到部队见见李广铭。当老伯通过大石街道办得知李广铭要回番禺参加宣讲活动时,立马提出希望和李广铭见上一面,表达自己的感激之情。

李广铭和部队领导一行5人,坐了11个小时的火车到广州后,第一时间就赶到大石街道办与老伯见面。

35天后,李广铭与被救老伯张永合再次相见。李广铭扶着老伯,老伯也一直拉着他的手,紧紧不放。

在大石街道办会议室,面对来自部队和众人的关心,老伯再次讲起了李广铭现场急救、陪护送医院、不留名离开的全过程。

"如果不是他救我,很可能就耽误了抢救的时间。"被撞倒的情形在老伯脑海中挥之不去。一旁的妻子徐阿姨赶紧接过话:"后果我们都不敢想啊,他有可能命都没了。"

在得知可以和老伴一起见"恩人"后,徐阿姨还连夜写了一封感谢信《献给年轻的军人》。"生命诚可贵,军民情更深,是这个年轻的军人托起了老人微弱的生命,托起了羊城美丽的春天……"徐阿姨现场念了起来,"广铭你是年轻一代、年轻军人的典范,你是一名优秀的战士,是一名'活雷锋',你救死扶伤的人道主义精神、高尚纯洁的品质永远值得我们学习……"

听着徐阿姨的感谢,老实腼腆的李广铭有点不好意思,直言心里非常感动,有无法用言语描述的触动:"阿姨您言重了,我只是做了一件随手相助的事情。与前段时间跳入珠江勇救游客的武警英雄郑益龙相比,我所做的实在是太微不足道了。"

李广铭挺身力救命危老人的事迹得到了社会各界的广泛关注和高度认可。中央电视台、《南方日报》、《广州日报》等媒体争相报道,不少网友也表示要以李广铭为榜样。

面对众多的荣誉,发表获奖感言时,李广铭说:"当社会需要我们传递善意和信任,传递见义勇为、敢于担当的正能量时,请勇敢地走上前,不要犹豫。因为哪怕我们每个人释放一点点正能量,汇聚在一起也会形成巨大的洪流。"

李广铭说,他做的事很普通,只是随手相助的小事,换成别人也会做。但即便是这样"普通"的"小事",李广铭的事迹还是这样受关注,这说明我们的社会需要正能量,渴望正能量;说明我们的社会鼓励正能量,肯定正能量!

近年来,小悦悦事件等众多恶性事件都反映了当下社会冷漠的风气,李广铭毫不犹豫挺身救老人的行动再次唤起我们爱的信心、爱的自觉、爱的责任和爱的荣耀。他的行为,不仅挽救了老伯的生命,更扶起了这座城市的道德坐标,唤醒了人们渐渐缺失的良知和正义。

李广铭

2013年3月获评"番禺好人"。

2013年4月获评"广州好人"。

让生命之灯继续点亮

——记与时间赛跑的白衣天使李敏

□ 文 蔡蕴维

有一个人,她穿着雪一般洁白的衣裳,有着雪一般温柔的内心,比云朵更圣洁,比火焰更炽热。她就是伟大的白衣天使——钟村医院急诊科护士李敏。

李敏2004年7月毕业于广东韶关学院医学院高级护理系,由于表现出色,在校期间就加入了中国共产党。毕业后,李敏到钟村医院从事临床护理工作,先后服务于内科、外科、妇产科,留下了勤勉忙碌的身影,见证过无数的生离死别。

当年初出校门的李敏是天真无邪的少女,经过10年护士生涯的历练,如今的她已成为经验丰富的护师、成熟稳健的人母。到急诊科工作已有7个年头,作为一名急诊科护士,李敏始终以高度的责任感、争分夺秒的紧迫感以及饱满的工作热情,全身心地投入到工作中去。

抢救室、救护车、急诊室,熟悉的环境、熟悉的工作,面对的却是不同的病人、不同的结果。每当120电话的铃声响起,救护车的警笛声鸣起,李敏就像战士听到冲锋的号令,以最快的速度赶到急需抢救的病人身边。"生命第一、患者至上"是急诊科的宗旨,"关爱生命、热情高效"是急诊护士的承诺。铃声、笛声、呼叫声、呻吟声……这些声音周而复始,汇集成李敏人生中一曲重要的交响乐。

真诚相待、细致关怀，赢得病人信赖

铃声和笛声再一次响起，李敏迅速跑上救护车，联系报警人，了解详细情况，确定急救地址，准备所需用品……原来是一个小姑娘与家人闹矛盾后服安眠药自杀。李敏和同事立即赶到现场，合力将患者抬上救护车，安排吸氧，测定生命体征，安抚患者情绪，回医院后立即输液，准备洗胃。

由于患者仍与家人闹情绪，不愿配合，胃管第一次插不进去，第二次插进去又被拔了出来。为了做好抢救工作，李敏说服家属到抢救室外面等候。李敏和几个护士软硬兼施，一边站在小姑娘的角度帮她分析问题，说明利害关系，一边再次用熟练的技术迅速帮她插好胃管、固定，接上洗胃机。终于，小姑娘的情绪平静下来，不再反抗。

洗胃机不断地重复工作，李敏就在旁边一直认真观察，记录生命体征、腹胀情况以及洗胃液的颜色、气味等。由于患者午餐吃了酸辣食物，虽然开了窗，但整个房间仍充斥着难闻的气味。李敏咬咬牙，强忍着对其余两名护士说："你们一个去联系住院部准备接收病人，一个用'绿色通道'协助病人办理住院手续，我在这里照看着。"说完，李敏继续细心地帮病人擦拭唾液、汗水，盖被保暖，记录病情。李敏说，自己当时吐了多少次，已经完全不记得了，但是患者吐了多少次、呕吐物是什么颜色的，她却记得一清二楚。

洗完两万毫升的液体后，李敏将患者送到住院部继续观察治疗。在走出抢救室门口的一刹那，李敏听到患者微弱地说了一声"谢谢"。李敏轻拍了一下小姑娘的手，向她微笑着点了点头。

正是由于真诚相待和细致关怀，李敏赢得了病人的信赖，使原本闹情绪的病人安定下来配合抢救，最终脱离了生命危险。

细心观察、快速反应，与时间赛跑

2012年12月一个阴冷的上午，105国道发生重大交通事故，两辆货车相撞并翻车。李敏随车到现场参加抢救，当时人员受伤情况严重，遍地鲜血，场面惨烈。李敏没有多想，迅速协助医生检查伤口、固定骨折处，将病人送上救护车。

当救护车回到医院急诊抢救室门口时,病人突然面色铁青、嘴唇发紫,自主呼吸消失。经验丰富的李敏知道,很有可能是病人的气道堵塞,导致呼吸停止,如不及时疏通气道进行抢救,病人可能随时死亡。情况万分危急,李敏顾不上戴手套,迅速打开病人的气道,用手指抠出病人口腔内的呕吐物,但是病人仍然毫无反应。李敏一边呼唤医生,一边进行心外按压,并打开吸痰机,吸出病人气管内的呕吐物,快速置入口咽通气管。经过争分夺秒的抢救,病人的气道内终于有气体溢出,呼吸也逐步恢复,李敏这时才长舒了一口气。

幸得李敏一路上的细心观察和快速反应,争分夺秒与时间赛跑,才把病人的生命从死神手中夺了回来。

病人为先、家庭在后,是白衣天使的痛

在家人的期待和孩子的哭声中,李敏全身心地投入到急诊护理工作中,把大部分的时间奉献给了急需抢救的病人。

由于李敏的先生也在医院工作,两人都顾不上照顾孩子,李敏的孩子自她休完产假开始,就没在她身边完整地待过一个星期。同事笑李敏,说她的日子过得真惬意,生完小孩还能过自在的二人世界。李敏心中却如刀割一般痛,谁不想看着自己的孩子一天天长大?谁不想陪着孩子走路、跑步、摔跤、撒娇?谁不想教自己的孩子《三字经》、唐诗、唱歌和道理呢?但是这一切,李敏都没能陪着儿子去学习、去经历,而全由李敏在老家的父母代劳。她只能在夜班补休的间隙争取时间回去探望儿子。每次到了不得不道别时,儿子总会不舍地哭着、叫着:"妈妈不走,妈妈不上班。"每一次都让李敏心如刀割,泪如雨下。

这一切,都只因为李敏选择了"白衣天使"这个职业。她把全身心都奉献给了她的职业、她的病人。而对儿子,她只能把无尽的关爱、牵挂、内疚以及抱歉放在心里,希望他长大后能理解。

敬业奉献、加班加点,让生命之灯继续点亮

有一次值夜班,李敏出车去接诊一个突然神志不清的病人,到达现场时,患者呼吸和心跳都已停止,家属抱着患者不知所措,只能彷徨

无助地叫着："医生快救命！"医生立即为病人做心肺复苏术,李敏熟练地实施各项抢救措施：接上呼吸机进行人工辅助通气,连接心电监护,建立静脉通道,通过静脉推注急救药物,电击除颤等。经过10多分钟的全力抢救,患者的心跳终于恢复了。大家合力将患者从5楼抬下来送上救护车回医院,又从死亡边缘救回一条生命。

急诊工作基本上就是这样,又脏又累又紧急,甚至还有不被理解的时候。急诊护士平均每天要出车10次,至少也有3~5次,工作繁忙、加班加点是家常便饭,半夜三更回医院或外出参加抢救工作也是再平常不过的事。李敏认为,急诊护士的工作性质,决定了她必须拥有争分夺秒的意识,掌握丰富的急救知识和熟练的急救技巧,更要有"辛苦我一人、幸福千万家"的信念和全身心投入、敬业奉献的精神。

作为一名急诊护士,李敏有时真为自己感到自豪。她是生命的守护者,她的努力、她的认真、她的辛勤、她的热情、她的奉献,能让许许多多的人脱离死亡的威胁。每当听到病人的一声"谢谢",她都微笑着点点头；每当争分夺秒让病人的生命之灯再度点亮,她都感到由衷的欣慰。这是对急诊工作最好的肯定,激励李敏更好地投入到工作中去；这也是急诊工作最大的意义,鼓励她十年如一日地继续坚持。虽然每天游走在病人、疼痛、鲜血、呻吟、伤病中,虽然牺牲了与儿子共聚的宝贵时光,虽然承受着很多的苦、脏、累、委屈,但是,每当看到一盏盏原本已经逐渐微弱的生命之灯继续点亮,这一切都已变得不再重要。

2012年,李敏被评为"番禺好人",她的事迹广泛传颂,她也参与了"道德讲堂",宣扬道德新风正气,为社会传递正能量。

这位白衣天使,穿着雪一般洁白的衣裳,有着雪一般温柔的内心,比云朵更圣洁,比火焰更炽热。她希望继续与时间赛跑,让生命之灯继续点亮,给病人带去更多希望与温暖,也为社会带来更多正能量。

李敏
2013年7月获评"番禺好人"。

予人玫瑰 手有余香
——记助人为乐的番禺资深义工林其标

□ 文 小米

林其标，刚刚年过六旬，人们都称他为"标叔"。标叔几乎是番禺义工的代名词。因为他做义工做得"入迷"，有人说他"不务正业"，说他应该管好企业，多赚些钱，做慈善嘛，多捐些钱就行了。他却反驳：金钱上的帮扶是暂时的，精神上的支撑才是长久的。他把自己在番禺工作20年的全部收入都捐给了公益事业，连家族分红的大部分也捐了，有人说他精神有问题，是个"傻佬"。他却说："我就是要做个'傻佬'，能为这块土地上需要帮助的人做点实事，这是我的荣幸。"

热心义工18年，年均服务75天

标叔是香港人，却自称是番禺人。他1992年来番禺创业，1995年通过一则"心声热线"新闻找到番禺义工联，从此开始番禺的义工生涯。其实他从10岁开始就在香港当义工，并当过童子军，参加过救护队、医疗队。童子军的经历在他幼小的心里埋下了行善的种子，并最终成就了他的志愿者人生。加入番禺义工联后，除了工作，标叔的业余时间几乎都给了义工工作。他年均服务600小时，按一天8小时工作计，相当于每年75天，帮扶对象超过200名。他还尽其所能为慈善事业捐款捐物。

自1999年起，标叔每年都要去番禺监狱和广州潭岗劳教所开展帮教活动。虽然他工作十分繁忙，但这项工作从不曾间断，已坚持了14年。他还主动为番禺监狱中无亲戚、无朋友、无经济来源的"三无"服刑人员提供生活用品，并为潭岗劳教所番禺籍学员提供生活用品及节日慰问品。每次去监狱帮教，他都会与帮教对象建立联系，不但在思想上进行辅导，而且为他们走出社会提供帮助。10多年来，仅为监狱帮教一项就投入了几十万元善款。

37岁的阿吉是番禺石碁人，为帮朋友收债而绑架欠债人，触犯了刑法。从入狱到释放，父母一直拒认这个儿子。正当阿吉感到绝望的时候，标叔走进了他的世界，每天找他谈心，融化了他内心的坚冰。此后，标叔还帮他找到了一份稳定的工作。阿吉的父母终于被感动，主动把儿子接回了家。临走时，两位老人频频向标叔道谢。阿吉走到标叔前，深深地鞠了一躬，说："谢谢您，标叔！"像这样的例子不胜枚举。

标叔还为番禺区特困户排忧解难，让贫困残疾学生安心上学，让唇裂儿接受整形手术，不定期组织义工探望孤寡老人和孤儿。

2004年，标叔发起成立了番禺义工中心，开始在番禺普及"义工"的概念，并凭借自己在香港做义工的经验，组织各类慈善活动，承担起培训义工的任务。番禺义工中心成立后，他承担了中心日常运作的所有经费，为番禺的志愿服务事业顺利推进做出了巨大的贡献。

一生创业为公益，20年工资全捐献

1992年，标叔从香港来到番禺，创建广州珠江美乐多（香港）有限公司并任该公司总经理，从此扎根番禺。

标叔一生创业只为奉献，他将在美乐多工作20年的所有收入都用于慈善公益事业，自己的生活则靠家族分红，甚至把家族分红的大部分也用于公益事业。他独自创办的高水准户外体验式培训专业机构——历奇山庄，其收入也用于公益事业。他一边"予人玫瑰"，一边"授人以渔"，温暖了无数人的心。

因为标叔，美乐多的名字也常常与番禺公益事业联系在一起，他明白单靠一人的力量去做志愿者工作,影响力有限,必须发动全社会一起参与,于是1998年他成立了美乐多—历奇慈善基金。2008年汶川大地震发生后,标叔不仅积极捐款支持地震灾区,还捐赠了1.5万支美乐多饮品给番禺区义工联,协助开展"众志成城、抗震救灾"筹款义卖活动。

标叔于1993年创立历奇山庄(前身为青少年警队训练中心)。为使该中心得到更好发展,标叔于2001年9月成立了广州市历奇山庄有限公司,正式挂牌运营。历经十几年的经营,历奇山庄已成为全国最完善的水陆空专业户外拓展培训基地,是广东省培训总人数最多的体验式培训机构之一,也是标叔实践社会公益活动的一个有力的后盾。其收入作为社会公益用途,至今共捐赠了700万元人民币。

在从事慈善工作中,标叔发现有两类特殊人群——重度瘫痪者和劳教人员最需帮助,却无人理会。他多方努力,牵头出资在历奇山庄内协助创建了重度残疾人托养服务中心和帮教出狱人员的"中途宿舍",并自己担起了负责人的重任。

重度残疾人托养服务中心于2010年7月正式成立,目前共收养了80名重度残疾人。该中心为重度残疾人提供长期住宿、康复训练、个人护理、心理辅导等服务,帮助重度残疾人在有生之年食得温饱,住得舒适,安度一生。

今年45岁的何凤芳是智力一级残疾人。她自小患有唐氏综合征,10岁前,只会发出"爸"、"妈"两个字音,10岁后,连这两个字都不说了。生活不能自理的阿芳屎尿拉在身上,家人为她操碎了心。听说标叔创办了一个重度残疾人托养服务中心,家人就把阿芳送到了那里。

郭家琪,27岁,智力一级残疾人,生活完全不能自理,不会吞咽,不会坐,不会站。家庭生活条件差,母亲为了照顾她不能外出工作。经义工介绍,家人把她送到了重度残疾人托养服务中心。

林发清,26岁,精神一级残疾人。家在惠来县农村,6岁发病,家里为了给他治病,已经一贫如洗了。母亲身体不好,干不了重活,只有父亲一人赚钱养家,无力照顾这个儿子,听说有这样一个托养中心,就把儿子带了过来。

标叔说:"虽然那些残疾病人不认识我,永远也不会记得我,还具有强大的破坏能力,中心很粗的不锈钢护栏已经被他们摇坏了好多次,但看到他们住进了这里,能够得到周到、规范的照顾和康复师的物理护理,可以大大减轻他们的痛苦及家庭的负担,我心里就感到安慰。"

"中途宿舍"则是标叔连续多年参加番禺志愿者中心组织的"情暖高墙"活动后受到触动而创立的。那时,他看到有些人虽在狱中改造得很好,但是一回到社会,因为社会的偏见和歧视,他们往往再次走上犯罪道路。他认为应该给这些刑释人员一个过渡的家,让他们感到更多的温暖,使他们有勇气去迎接新的生活。

在标叔的努力下,番禺区安置帮教基地于2002年12月在历奇山庄正式挂牌。安置帮教基地占地140平方米,拥有24个床位,为无家庭或家庭不接收的刑释人员提供1~3个月的食宿。标叔为这个基地提供场所及部分费用。目前该基地已接待刑释人员100多人,番禺司法局也开始支援此项工作。

最后20年规划,事业辅助慈善

2012年8月,标叔从美乐多公司退休了,但他的工作并没有就此结束。早在退休前,标叔已开始为自己在番禺的后20年的人生做规划。

他说:"60岁是人生最重要的岁月,是经验最丰富的时候,应该实现企业家的第二次飞跃,运用好一个人的社会经验、社会资源,可为国家创造更大的财富。所以人不能一退休就无所事事,而是应该把退休看作人生事业的另一个挑战,看作一次较大的社会角色的调整。"

于是他成立了易马(香港)投资股份有限公司,主要在新疆从事服务行业、商贸行业,计划推广至中亚地区。

"预计市场效应会很不错,我们还想通过商贸城这个平台,将番禺的名优产品推销出去,向新疆本地、中亚、西亚甚至欧洲市场展示。目前,番禺的珠宝、鞋子、服装、小家电、红木家具在全世界都很有名,完全有实力打出去。"

标叔对新疆的新事业充满信心,除了希望给番禺带来更多的发展机遇,帮助大西北加快经济社会的发展外,还有一个重要目的,就是让他发展慈善事业的经费有更好的保障。

此外,标叔还参与番禺桥南街政协工作,为工会、妇联工作尽自己的一份力。

标叔的爱心得到社会的肯定。他先后获得了"番禺少先队先进个人工作奖"、"番禺区少年警队杰出贡献奖"、"番禺区义工联特别贡献奖"、"广州市首届十大杰出义工"、"广州市热心支持重视幼儿教育事业先进个人"、"广州市刑释解教人员安置帮教工作先进个人奖"、"广东省总工会优秀经理奖"。2010年,他获得"广东省志愿服务金奖",同年当选为第四届"广州市道德模范",并与钟南山等一起当选为"广东志愿服务20周年十大人物"。2011年,他荣登"中国好人榜"。

标叔也很享受这份认可。他说:"予人玫瑰,手有余香。有人说我傻,但我知道,分享快乐是一个更加快乐的过程;分享成功,比独个儿享受更让我感到满足。"

林其标

2010年1月获评"广州市第四届道德模范"。
2011年3月获评"中国好人"。

林义平：志愿"上瘾者" 助残"梦想家"

□ 文 黎颖

林义平是广东仲元中学的一名校医。说起他，许多曾接受过他悉心治疗的学生都会由衷地称赞他。而这位受人爱戴的校医，也是一名备受尊敬的志愿者。他曾组织大量志愿活动和志愿培训，用自己的独特方式把感动和快乐融入志愿工作，长期活跃在志愿服务的第一线，服务的成果得到各级表彰和大众赞扬。他是典型的志愿"上瘾者"，也是满怀斗志的助残"梦想家"。

典型的志愿"上瘾者"

从2001年投身志愿服务开始，不知不觉，林义平在这个岗位上已奋斗了14个春秋。他对志愿服务有着一股炽热的爱，长期奋斗在服务的前线，从来不喊累。亲友们都笑称，他就是一个典型的志愿服务"上瘾者"。

这十几年，林义平在志愿服务上的贡献可谓数不胜数。作为志愿者骨干，他曾组织及参与许多爱心活动，包括云南扶贫爱心旅游、北京爱心旅游、原野庄园千名残疾人与志愿者露营晚会、轮椅募捐与推广行动、爱心小药箱行动、云南甘肃贫困山区送温暖行动、中秋送爱心月饼等。作为志愿者培训师，每一次培训他都会尽心尽力地准备一份全新的优质教案。至今为止，他的培训已超过400场次，培训志愿者、大学生、企业员工共40000多人次，网络视频教材培训志愿者近60万人,编写教材近百份。

在广州亚运会期间,林义平担任亚组委志愿部精品课程的第三课题负责人与主讲师。他耗时半年拍摄的授课视频,放在亚运会官方网上供近60万志愿者学习。完成授课视频后,他又马不停蹄地开展亚运会志愿者培训。在42场培训中,大家都能看到他在细心认真地教导志愿者新手。一天五六场的密集的培训让林义平声音都嘶哑了,但他还是在讲台上微笑着,坚持着。他顽强的敬业精神至今依然让志愿者学生们念念不忘,学生们称他为"讲台上的志愿勇士"。

在亚残运会期间,他又成为一名光荣的赛会志愿者。由于林义平住的地方离比赛场馆比较远,他总是早出晚归。为了能够准时到达岗位,他经常早上5点起床,坐公交车,再转乘地铁,累极了就在座位上打个盹。"在车上怕自己睡过站了,就调个闹钟,睡觉都在担心着呢。"说起那段每天赶早班公车的时光,他忍不住感慨。当他辛苦劳累地结束一天的志愿工作后,回到家已经是凌晨两三点,但他只能在床上小睡片刻,又起床整装出发。

除了每天早出晚归,残运会赛会志愿者的高强度工作也是一个挑战。林义平的主要工作是在50多个场馆和专项工作团队中开展帮扶工作,最多的时候他一天要走20多公里路,为200多位运动员和观众运送沉重的行李。比赛结束后,为了引导观众有序退场,他还需要一边微笑一边打手势长达两个多小时。微笑的时间长了,面部有些僵硬,他就用手揉一揉面颊;挥手时间久了,肌肉酸痛,他就换一只手继续引导。在残运会期间,因为看比赛的残疾观众比较多,林义平需要花更多的心思及时、周到地帮助和照顾他们。有一次,在奥体中心一位老人不方便走到座位上去,林义平就与其他几位赛会志愿者一起合力把老人抬到了5楼。当他们成功把老人抬到座位上安顿好时,许多观众颔首称赞,而受助的老人则在轮椅上由衷地不断道谢。还有一次,当林义平结束了一天劳累的志愿活动后,在地铁站里他听到背后一位老婆婆对她的孙子说:"你可以向那位志愿者大哥哥问路,他一定会帮助我们。"

这些肯定的话语,还有从他们眼神中流露出的敬佩之情,都让林义平感到非常欣慰,让他觉得作为志愿者的自己,是大家心中值得信任、可以依靠的人。

把感动和快乐融入志愿工作

是什么原因让林义平成为志愿"上瘾者",让他十几年如一日地坚持在服务第一线呢?

"这么多年来,志愿服务已经成为我的一个事业,让我体验到一种无论身体有多么累,心里却充满力量和阳光的美好感觉。"林义平曾承诺,他要做一辈子志愿者,把志愿服务当作事业去做。这种充满力量和阳光的美好感觉,就是他坚持服务的原动力。

2006年12月的一天深夜,林义平突然接到一名女大学生打来的电话。这名学生因无法融入大学生活而感到绝望,企图自杀。女生的无助和焦虑让林义平非常担忧。当得知她的父母就住在自己家附近时,林义平立刻跑到她父母居住的楼下"吼叫"。好不容易找到了女生的父母,他却差点被人误认为是骗子。经过解释、沟通终于使女生父母明白了事态的严重性后,林义平和女生母亲求助交警,半夜冒着严寒驾车赶往这名学生的学校。在他的努力下,终于说服这名女大学生打消了自杀的念头。这名女生在接受了助残部的心理辅导后,最终成功走出阴影,开朗的笑容重新出现在她的脸上。让林义平备受感动的是,之后她更主动报名参加了义工组织,希望受过帮助的自己也能为志愿服务出一份力。

志愿服务给林义平带来的感动数不胜数。当他看到坐轮椅的15位残疾人朋友在志愿者的帮助下登上居庸关,激动得哭着向志愿者说感谢时,他忍不住哽咽;当他看到脑部患肿瘤的阿汉在病情一步步恶化,失去了听力和视力后,仍然喃喃地诉说着对志愿者的感恩,表达了自己也要当志愿者帮助别人的渴望,并提出自己对志愿者事业的理解时,他忍不住和其他志愿者一起悄悄地抹眼泪;当他看到曾经无数次被自己狠心督促批评的残疾人阿碧一步步成为志愿者,最终破茧成蝶当选为"广州市十大杰出志愿者",在台上领奖笑得像花儿一样的时候,他也情不自禁地在台下流下了开心的眼泪……这样的情景还有很多,很多。种种的感动都让林义平觉得,之前的所有委屈、困难、彷徨、疲惫和付出都是无价的,都是值得的,心头又会涌出坚持下去的无穷力量。

除了这种感动的力量,林义平觉得阳光般的美好感觉让更他热爱志愿工作。他认为,很多人参加助残服务,都是因为看到残疾人身体不便,生活很惨,很受感触,对比自己的情况,产生一种感恩的心。但是,林义平不仅仅是因为这样而坚持志愿服务。他认为工作是快乐的,志愿服务也快乐,他提倡把快乐融入志愿服务中,让志愿服务成为最幸福的事业。

林义平带领下的助残部,朝着快乐志愿的方向发展。助残部多次组织志愿者到番禺村庄的残疾人家,买下他们种的水果、蔬菜,然后在网上发布公告通知会员,邀请附近的残疾人到村里一家比较富裕的残疾人家里举行聚会。他笑称,助残部的义工是"山贼",去到哪家,哪家的蔬菜和水果都被他们收个精光。"如果只是单纯做探访,气氛很拘谨,那些老人家、残疾人也只是应付,不可能和你讲很多真心话,我们也没有办法帮助他们。大家一起吃饭,气氛也活跃。"

而在林义平的新浪微博中,经常也会看到他在策划一项志愿服务前,用快乐的语气呼唤着志愿者同伴们来参与,并且会把服务过程在微博上进行文字和图片直播,实时分享受助者和志愿者们的互动与心情。从那些欢乐、向上的文字中,大家都能深深地感受到志愿服务带来的满满的幸福感,也感受到林义平对志愿服务那份由衷的热爱。

"能为他人提供帮助是快乐的,能看到他人灿烂的笑容是幸福的,为志愿服务所付出的艰苦和努力是值得的。我觉得志愿服务就是世界上最幸福的事业,我一定要把自己最喜爱的志愿者事业继续做下去。"

满怀斗志的助残"梦想家"

参与志愿服务10多年,林义平一直是个"梦想家"。他一直希望能让残疾人自信、自立地迈出家门,勇敢地走向社会,立足社会。

2012年,他的梦想终于实现了。在他的多方筹措下,"轮椅飞扬梦伦敦"计划终于成行。番禺轮椅舞蹈队勇敢地走出国门,圆梦伦敦,以精彩绝伦的轮椅舞蹈,展示了残疾人的自信乐观。"最后组织了4名残疾人在没有健全人陪伴的情况下去伦敦做宣传,经费需要上百万元,但是,有志者事竟成。"林义平说。他们已经完成了轮椅舞者亮相伦敦的目标,下一个目标是争取培训出更多的轮椅舞者,在2016年巴西里约热内卢举行的奥运会上展现风采,把番禺轮椅舞蹈队打造成一支拥有国际声誉的轮椅舞蹈队。他希望通过这种方式,鼓舞残疾人勇敢、积极、乐观地面对生活,让他们重新"站起来"享受阳光生活,带动更多的残疾人超越自我、融入社会。

　　林义平的志愿帮扶模式越来越多元化,为他志愿服务的梦想拓宽了实现的渠道。他一直致力于扩大志愿者的规模,让更多人参与到志愿服务中。他成立了青少年志愿服务军,让青少年充分利用放假时间,到需要帮扶的地区去送爱心,除了能送去帮助,也能充分提升青少年的责任感。他推广"善行"活动,鼓励大家通过爱心徒步的环保方式认捐大米,转变帮扶方式吸引更多人身体力行地投身到志愿服务中。

　　对于今后,林义平有一个更大的梦想:在30年或者40年后,明月关助中心和助残部结合,成为在国际上享有盛名的志愿者组织。现在,他带领着助残部和明月关助中心,务实地朝着这个目标迈进。"我们已经被主流媒体所关注,在社会上有一定的知名度,通过制定阶段性的目标,我们肯定可以走得更远!"

　　林义平,一位受人爱戴的校医、一位备受尊敬的志愿者。他是志愿"上瘾者",也是助残"梦想家"。相信他一定会把更多的感动、快乐通过志愿活动传递到每一个人的心中,坚持不懈地完成更多的助残梦想,把志愿事业发扬光大!

林义平
2010年1月获评"广州市第四届道德模范"。
2011年2月获评"中国好人"。

最美保安勇斗凶悍盗贼
广东好人谱写精彩乐章
——记钟村商贸城保安班长刘建明的英勇事迹

□ 文 陆艺尹

2013年4月,江西省信丰县政府收到了来自广州市番禺区流动人员和出租屋管理工作领导小组寄来的喜报。在广州市番禺区第四届"金雁之星"评选活动中,信丰县虎山乡中和村刘屋小组37岁的刘建明被评选为"金雁之星"十佳优秀异地务工人员,还被广州市文明办评为"广州市好人",以表彰他在"平安番禺、和谐番禺"建设、广州市精神文明建设中做出的积极贡献。

刘建明的家乡虎山乡位于信丰县东南隅,消息传来,小村庄沸腾了,刘建明父母黝黑的脸上露出了灿烂的笑容。刘建明在家里排行老大,下有两个妹妹。在老家读完了小学和初中,刘建明到湖南衡阳公安干部学校读了3年中专。由于家乡相对闭塞,经济发展较慢,1999年,刘建明决定到广州番禺打工。后经人介绍,他在番禺钟村房地产物业管理公司商贸城当保安,由于勤奋努力,没几年工夫就当上了商贸城的保安班长。

从穿上保安制服的那天起,刘建明的心底就升腾起一股热流:自己虽然是一名小小的保安,但肩上的责任却不小,一定要提起十二分的警惕,为保护集体与人民群众的生命财产而努力工作。刘建明虽然不是番禺人,但已经把根扎在了这片热土上,有勤劳贤惠的妻子,还有一双可爱的儿女,番禺就是他的第二故乡,他决心要在这块土地上发光发热。他在日常工作中恪尽职守、认真执勤,由于长期工作表现突出,在单位先进评比中连续5年被评为"优秀员工",受到公司20余次的嘉奖。

对于刘建明来说,在9年的保安从业经历中,最让他难忘的,莫过于那年秋天发生的为抓偷汽油盗贼而受伤的事了。

2012年11月6日凌晨4时许,刘建明像往常一样,在商贸城内巡查。当夜又是一个通宵班,到早晨7点,如无意外的话他就可以卸下一夜的疲惫,回家休息了。他打着手电筒,在商贸城内慢慢巡视,仔细检查着商贸城内的每个角落。当他来到东兴大厦后花园时,发现小区外巷口停着一辆白色面包车,当下他也没太在意。但这时,坐在白色面包车驾驶位上戴着墨镜穿着蓝色T恤的男子却大声地和刘建明打起了招呼:"这么晚了还在值班巡逻啊?"在寂静的凌晨,并没有大太阳晒着,一个坐在车内的人,却还戴着墨镜,清醒而大声地打招呼,再加上男子怪异的穿着,职业的敏感让刘建明内心产生了不安,同时也提高了警惕。于是,他掏出对讲机,通知同事陈云楚向他这边靠拢,同时并未停下脚步,继续往后花园走去,想穿过草地绕到花园后面看看有没有其他可疑的事情发生。

走到一半时,刘建明突然发现从附近一辆小货车的车底下蹿出一个人影。"凌晨4点多藏在车底下,那个人肯定有问题。就在前一天,有人反映附近发生了汽车汽油被偷的事。难道这个人也是来偷汽车油的?"刘建明的脑子里一下子就闪现出这个念头,于是他加快脚步走上前去一探究竟。这时,一名男子急慌慌地向前狂奔。俗语说,做贼心虚,如果没有做坏事,为什么一见保安就想夺路逃逸?刘建明断定这名男子刚才躲在车底下是在偷汽车油,于是一个箭步冲上前去,想将该男子抓住。

男子回过身来,和刘建明扭打在一起。纠缠了一会儿,男子大概觉得没法一下子脱身,就抽出尖刀捅向刘建明。刘建明只觉得腹部一阵剧痛,随即倒在地上。刚好同事陈云楚赶到现场,见刘建明倒下,马上冲了上去想将歹徒制服,却也被歹徒撂倒了。眼看歹徒就要逃脱,刘建明拼命挣扎着爬起来向歹徒扑过去,胸部又被歹徒捅了一刀。歹徒趁刘建明和陈云楚还未反应过来的空隙,夺路而逃,跳上了前来接应他的白色面包车疾驰而去。

这时,刘建明借着灯光才发现自己满手鲜血,意识到自己身受重伤。他渐渐感到了虚弱,终于因体力极度透支且身受重伤而陷入意识模糊的状态。

见刘建明瘫倒在地,陈云楚立刻拨通了商贸城保安队长罗洪斌的电话,同时报警并拨打了120急救电话。随即赶来的120急救车将刘建明送到了附近的祈福医院进行抢救。

警员仔细检查了案发现场,发现在小货车车底留有老虎钳、油桶等作案工具,这是歹徒铁一般的罪证。

清早,商贸城门口人来人往,人们在所经的道路上发现了尚未洗净的一大摊血迹。他们怎么也不会想到,就在他们享受安稳的美梦之时,刘建明和同事为保障他们生命财产的安全,和犯案歹徒展开过殊死搏斗。

经过医生的详细诊断,发现刘建明胸腹部共有4处刀伤,肺部挫伤,肠破裂,因流血过多导致意识模糊,必须马上组织抢救。

闻讯赶来的刘建明妻子赖玉梅看到处于迷糊虚弱状态的丈夫,吓得失声痛哭起来。刘建明身体一向硬朗,也很会照顾家庭,送女儿上学,帮家人承担家务活,是个勤快干练的好男人。一晚没见,自己的丈夫竟然躺在医院病床上了,赖玉梅只觉得天要塌下来了。

紧张的手术一直持续了3个多小时,刘建明终于在医生、护士们的共同努力下慢慢地缓过劲来了,赖玉梅也终于从忧戚与紧张中解脱出来。

刘建明恢复精神后的第一句话,就是问前来看望他的同事:小偷抓到没有?陈云楚还好吧?他心里装着的永远是自己的职责。听着丈夫这样的询问,赖玉梅的眼泪差一点又夺眶而出,理解与感动在内心奔涌。

刘建明受伤后，商贸城内的许多业主自发来到病房慰问他，纷纷夸赞他是个"顶呱呱的好保安"。业主们慷慨解囊捐出17000元，表达了他们对英雄的敬意与心意。

事件发生后，《广州日报》《南方都市报》《番禺日报》、广东省电视台、南方卫视、广州电视台、凤凰网、新浪网等媒体，纷纷对刘建明勇斗窃贼的事迹进行报道，引发了强烈的社会反响，有网友还称刘建明为新时代的"最美保安"。

2013年2月，广州市精神文明办举行了"广州好人"评选活动，刘建明被评选为"广州好人"，又经广州市番禺区直属机关党委初选和推荐、番禺区评委会集中投票评审及网上投票，刘建明被评为番禺区第四届"金雁之星"十大"优秀异地务工人员"之一。2013年3月、6月，广东省文明办和江西省文明办先后推荐刘建明为"中国好人榜"候选人。虽然最后没能评上"中国好人"，但2013年7月，广东省文明办组织开展了"广东好人"的评选活动，经各地推荐、专家评审，刘建明不负众望，被评选为上半年"广东好人"。

在见义勇为正日渐罕见的当下，刘建明的挺身而出更显得难能可贵。社会稳定需要见义勇为的精神，和谐社会、平安番禺的建设需要这种无私无畏的奉献精神。在缺少英雄的年代，我们希望这种精神借着刘建明见义勇为事件的广泛传播而遍地开花，硕果累累。

刘建明

2013年2月获评"广州好人"。

2013年6月获评"广东好人"。

退而不休　笔墨登场传扬文化

——访资深老教师、"番禺好人"刘锦湖

□ 文　詹海燕

他是一名好教师,更是一个好心人。只要接触过刘锦湖的人,都会这样评价他。在"番禺好人"领奖台上,刘锦湖因为义务教书法再次获得社会的推崇,被更多人认识。这一年,他85岁。

"学书法,首先形态要准确,例如横、竖、撇、捺这类笔画,要横则横,要竖则竖,不可出现横竖歪斜,撇直捺硬等明显的问题。做人也一样,要是非分明、善恶分明,有正确的价值观。"指着自编的书法教材,刘锦湖认真地说。书法是中国传统文化的精粹,可现在很多孩子连毛笔都不会拿。在学校里教了38年的语文,退休23年后选择教书法,刘锦湖的目的就是希望中国的传统文化能够一代又一代地传承下去。

好教书　言传身教推广文化

尽管头发已花白,但条理清晰的谈吐、手脚麻利的举止无不透出刘锦湖的活力与健朗。一边上楼梯,刘锦湖一边介绍:"我自己一个人住,生活打理得很好,孩子们都很放心。退休后,我每天都很忙,但很充实。义务教书法只是我人生中的一件小事,但传扬中国传统文化却是人人都应参与的一件大事。"

客厅里,靠窗边的桌子上洒满了阳光,铺摆好的宣纸和笔墨旁,刘锦湖自编的书法教材叠成一摞儿。拿起一张还没巴掌大的小方纸块,刘锦湖充满感情地念着:"'詹檀到后满堂香,海晏河清安八方。燕舞莺歌迎盛世,好人重用多贤良。'这是我刚为你写的藏头诗,送给你。"

意外的小礼物让我感到受宠若惊。纸片上的字刚劲有力,带着热情问候和真诚祝福的诗句充分体现了老人的细心和用心。

对于刘锦湖来说,教书是他的一个兴趣爱好,言传身教是他认为最有效的教学方式。而支持这项兴趣爱好数十年如一日的,是坚持锻炼得来的好身体。小区里许多居民都知道,这位头发花白的老人每天都起得特别早,先是花10分钟快步行走到小区里的游泳池游上几圈,再到公园里与其他老人一块儿晨练。坚持运动是刘锦湖从年轻时就已养成的习惯。正因如此,已经85岁的他仍能每日排满工作日程,活跃在教育战线上。

教好书　端正心态学做好人

从成为一名教师至今,刘锦湖已经执教60年,尽管退休后的20多年他没有在固定的学校里教书,可通过各种方式育人却从未停止过。

在刘锦湖的心中,一个学生就是一首诗,一个心灵就是一个世界。他认为,身为教师,比教书更重要的是育人,做人首先要做一个正直的好人,要有端正的心态,这样才能更好地学习、利用知识。他对每个学生的爱都是发自内心的真爱,爱得深,爱得严。

谈起自己的职业生涯,刘锦湖打开话匣子。退休前,他是南武中学的语文高级教师。由于在职时经常带学生外出参加比赛活动,很多学校的老师都了解他的特长及实力,纷纷请他到学校讲课。"我在职38年只待过两所学校,退休后到现在却跑了不止20所学校,如华侨小学、黄花小学、农林下路小学、东风东小学,等等。通常只要我时间安排得过来,我都会应邀去讲课。"刘锦湖说退休这20多年来他经常比在职时更忙。

教书法　耐心细致因材施教

说到让番禺人认识，还要从刘锦湖在富豪社区开办书法班说起。

2011年8月，刘锦湖主动向富豪社区居委会提出了在社区开办一个义务书法培训班的想法。"有这样的好事，社区当然支持，我们很快就协调安排了培训场地，并在社区内宣传发动。居民们也很感兴趣，没几天就有20多人报名参加。"社区居委会工作人员说。现在社会上的书法培训班不仅要收费，还很贵，去学习也不方便。刘锦湖老师能够在社区里免费开班，对居民、对居委会来说都是大好事。

"跟我学习的学生，大到80岁，小到3岁，只要大家愿意学，我都会耐心教。"刘锦湖说，他希望通过这样的学习，营造一种学习传统文化的氛围，传承祖国传统文化的精华。每到周二，富豪社区居委会都会散发出笔墨的清香，男女老少聚在一起，跟随着白发苍苍的刘锦湖练习书法。

虽是义务培训班，但刘锦湖每次备课都很认真。从练习书法笔画基础开始教起，逐步到字形结构、谋章布局，都进行了详细的讲解和示范。在培训班里跟刘锦湖学书法的小李说："刘老师在教学过程中不仅因材施教，解剖难点，让人更加容易掌握书写要点，同时还引入古典诗词，让大家更能感受到学习书法的乐趣。"

"跟我学书法，目的并不仅仅在于练一手好字，还在于修炼做人的态度。"刘锦湖认为，只有本着认真负责的态度，才能够将事情做好，才能做出好事来。

让他感到自豪的是，曾经3岁、5岁就开始跟他学书法的几位学生现在都已长大成人，在香港地区和国外发展都取得了很好的成就。"你看，这些是他们寄给我的。"翻看着学生的照片和他们写来的信，刘锦湖脸上满是幸福。

传帮带　鼓励全民共同参与

尽管社区里的培训班很受欢迎，可刘锦湖从来没有将这当成一个挣钱的方式。在这里，学生不仅上课免费，还可以获得刘锦湖自编的书法练习教材。

"这些小册子都是我一笔一画写下来的，根据不同学生的需求编制不同的教材。你看，这里是为番禺钟村小学编写的1~6年级书法教材《跟刘爷爷学写字》。"刘锦湖认真地说。现在很多小学都没有开设书法课程，他希望这些书法教材能够进入到每一所学校，不为了赚钱，就为了学校能开设这个课程，让更多学生有练习书法的机会。

"光靠我一个人的能力肯定是不行的，我没那么多钱印刷这些册子。好在我的学生很支持我，他们说老师您继续写教材吧，印刷费我们来出。"谈起学生的支持，刘锦湖不由得会心一笑。

"传播祖国传统文化这件大事，光靠我一个人折腾是不行的，靠学生的帮助印教材也不够。我希望媒体能够重视这方面的宣传，政府尤其是教育部门更要介入，最好能够将书法学习推广到小学的日常课程里去。家长们也应该有这个意识，鼓励并跟着孩子们一起学。"刘锦湖一脸诚恳，热切地希望有更多的人来支持他的这份坚持。

除了进行义务书法培训外，刘锦湖还积极参加社区举办的各种文化活动。逢年过节，刘锦湖都会设摊免费为居民书写对联，为居民朋友们送上祝福和希望。他认为，传统文化的学习不能只存在于书本上，还应实践于生活中。

正因如此，刘锦湖一直都十分积极地参加各种文化传承活动。如在电视节目"老三多"中讲述艺术老字号"三多轩"的繁荣与昌盛，到职业学院辅导学生书法，等等。他还曾被国际书画权威组织联合授予"书画名人"荣誉称号，并出版有《刘锦湖书法作品集》，撰写了《刘锦湖手抄诗词九十首》、《跟刘爷爷学写字》等培训教材。

退而不休，刘锦湖身体力行，用余晖岁月为中华传统文化的传承贡献着自己的一分力量。

刘锦湖
2013年7月获评"番禺好人"。

龙惠冰：以真爱孝敬公婆

□ 文 陈琳云

在德安社区，有一位远近出名的好媳妇——龙惠冰。虽然公公婆婆已经去世，但只要说起龙惠冰二十多年如一日细心照顾公公婆婆的事迹，周边邻居无不称赞她是"百里挑一的好媳妇"。而对于大家的称赞，龙惠冰总是淡淡地说："我只是在尽做媳妇的责任。"不善华丽言辞的龙惠冰用自己的一言一行传承着中华民族的传统美德，演绎着人间尊老敬老的真情关爱，并于2008年1月荣获市桥街"孝敬老人之星"，2010年4月荣获"第四届广州市道德模范提名奖"（孝老爱亲类），2012年11月获评"广州好人"（孝老爱亲类）。

公公突发病　新婚儿媳挑起家庭重担

1978年，龙惠冰与丈夫结婚，她勤劳、贤惠、热情、乐于助人，与公婆等家人相处和睦，一家人其乐融融。由于公公婆婆年事已高，患有高血压、心绞痛等病，不仅平时生活饮食上要特别注意，还要定期到医院检查拿药，龙惠冰将公公婆婆当成自己的父母，细心周到地照顾着两位老人的起居饮食。

很快，龙惠冰的儿子出生，正在全家人为新生命的诞生而感到开心时，公公却突发中风。丈夫要上班，婆婆身体也不太好，照顾公公的担子就落在了龙惠冰身上。喂公公吃饭，帮公公擦身子，清理排泄物，清洗公公弄脏的衣物,这些都是龙惠冰每天要做的工作。作为儿媳,给公公擦身子、清理排泄物、更换衣物,龙惠冰一开始做起来还是有些难为情。但看到公公痛苦的样子,龙惠冰也顾不了那么多了。有时公公肠胃不好,一天要大便三四次,稍不注意,刚换的衣物又被弄脏了。尤其是冬天,更换、清洗起来更麻烦。

为了防止公公的肌肉和神经萎缩,龙惠冰每天早晚都要带公公外出走动一下。包括起床、外出、午睡等,龙惠冰每天要搀扶公公来回床上和轮椅起码四五次。由于公公身材比较高大,体重有一百四五十斤,每一次龙惠冰都累得满身大汗。

自从中风后,龙惠冰的公公脾气也越来越差,稍微有些不如意就发脾气骂人。为了公公的身体考虑,龙惠冰给公公做的饭菜都比较清淡,但公公有时却不满意,甚至责骂龙惠冰。每一次龙惠冰都是一笑了之,等公公过了气头,再把饭菜重新端到他面前。

借车接医生回家帮婆婆看病

公公中风早期,龙惠冰的婆婆虽然也患有一些老年病,但身体还算健朗,尚能帮着一起照顾公公。但一次婆婆推着公公外出散步时,公公坐不稳,轮椅倒向一边,婆婆想扶正,没想到一用力却扭伤了腰。

婆婆这一病倒,让龙惠冰更加忙得焦头烂额。婆婆不仅躺在床上翻不了身,甚至大小便也只能在床上解决。龙惠冰衣带不解地守候在床前悉心照顾,喂她吃饭,帮她翻身,清理排泄物。看着婆婆整天动弹不得,还要忍受疼痛,龙惠冰提出带婆婆去医院进行治疗,但丈夫却反问道:"怎么去医院呢?妈现在连翻身都不行,更不用说起床去医院了。何况我们就一台摩托车,老人家哪里受得了这样的折腾?"虽然丈夫的话没错,但龙惠冰却实在不忍心看到婆婆如此痛苦,于是决定,既然婆婆不能去医院,那就把医生请到家里来。龙惠冰先是到医院通过熟悉的医生找到骨科方面的专家,但专家听说要上门治疗,立即拒绝。龙惠冰没有气馁,再次向医生说明了家里的情况。最终,医生被龙惠冰的诚心感动,答应了下来。高兴不已的龙惠冰立即向亲戚借来小车,等到中午下班后将医生接到家里,帮婆婆诊治并按摩敷药,然后再将医生送回医院。见到龙惠冰如此奔波,医生不禁感叹:"你妈妈真有福气,你这个女儿这么有孝心。"当得知老人只是龙惠冰的婆婆时,更是赞叹地竖起了大拇指。

家中有两位多病的老人,婆婆没有工作,公公微薄的退休工资连看病都不够。为了照顾好老人,龙惠冰也辞掉了自己的工作,家里所有经济来源都只能靠丈夫一人做建筑工所得,经济压力可想而知。虽然经济拮据,但考虑到老人上下楼不方便,龙惠冰在与丈夫商量后,还是决定在小区里另外买一间平房给公公婆婆住。两位老人起初都不同意,怕给儿子媳妇增加负担,但龙惠冰却劝说老人:"你们住在一楼,进出就方便多了,每天可以多出去锻炼一下,身体都好得快。你们身体好,我才安心,比挣多少钱都开心。"在龙惠冰的几番劝说下,两位老人终于搬进了新房子,而龙惠冰每天都会过去照顾老人的饮食起居。因为老人习惯早起早睡,有时候四五点就要起床,遇到什么不方便的时候就会打电话叫媳妇过来帮忙。虽然龙惠冰每晚照顾小孩经常要到十一二点才能上床休息,但不管什么时候接到公公婆婆的电话,她总是二话不说,第一时间赶过去帮忙。

工作太累保姆多次欲辞职

两位老人家先后病倒后,龙惠冰一个人照顾不过来,家中只得请了一位保姆负责照顾龙惠冰公公的生活起居。因为工作辛苦,他们特意挑选了一个耐性好、比较寡言的广西保姆。可没做多久,保姆就提出要辞职,称工作太累,晚上睡不好,而且公公脾气很差,总是骂人,觉得非常委屈。龙惠冰理解保姆的压力和辛劳,只得好言相劝。为了能让保姆安心工作,龙惠冰除了加工资外,还经常帮保姆买些衣物用品。每次保姆回家探亲,龙惠冰也总是大包小包地装满其行李箱。虽然龙惠冰不时投"糖衣炮弹",但由于工作实在太累,保姆终于趁过年的时候回家，辞工不做了。

龙惠冰只得又到各家政服务中心去请人，但请来的保姆无一不是干了两三天就立马辞职，原因都是工作太累，老人难伺候。不少保姆对龙惠冰直言："我真是佩服你，你是怎么坚持下来的？做媳妇做到你这样真是没话说了。"由于实在找不到合适的保姆，龙惠冰只能再次联系上之前的保姆，坦诚地说出自己的难处，也真诚地希望保姆能够回来帮助照顾老人。在龙惠冰的再三请求下，保姆最终被感动，又回到了番禺，一直照顾到两位老人先后去世。龙惠冰的孙子出世后，保姆又帮着带了一年多才回广西老家带自己的孙子。

过度劳累落下病根

为了照顾好公公婆婆，龙惠冰每天就像是上了发条的机器一样忙个不停，没有任何休闲娱乐时间，但龙惠冰对此却没有丝毫埋怨。"作为一个媳妇，照顾好公公婆婆本来就是我应该做的。但说实话，作为一个女儿，我却不太称职。"原来，就在龙惠冰公公婆婆身体变差的时候，跟自己哥哥嫂子一起住的母亲也生了病。龙惠冰只能每天早早起床先帮公公婆婆打点好一切，等哥哥嫂子出门上班后，带上做好的饭去陪伴母亲，照顾完母亲后又匆忙赶回家继续照顾公公婆婆。

由于多年来长期奔波劳累，龙惠冰小腿脚踝和脚背经常肿胀，皮肤也慢慢发黑，但因为忙着照顾老人，龙惠冰无暇顾及，一直忍着病痛。直到2010年脚踝处出现裂口一直不愈，这才不得已被家人带去了医院。经诊断，龙惠冰是下肢静脉曲张引起的血管炎症，医生要求龙惠冰马上入院并尽快进行手术。虽然行动不便且还遭受病痛折磨，但龙惠冰对老人的关心照顾却丝毫不减。在龙惠冰做完手术住院期间，其他家人轮流照顾两位老人，但龙惠冰总是放心不下，甚至用电话"遥控"："记得帮爸妈的饭做烂些"、"记得带他们出去晒太阳，早晚出去，中午就千万不要出门了"……一出院，龙惠冰又马上接过照顾老人的担子。"老人比起我来更需要人照顾，何况他们的饮食起居我也更熟悉一些。"

如今,几位老人已先后去世,龙惠冰虽然轻松了不少,但也没有闲下来。除了每天早晚锻炼身体,龙惠冰还包揽家中的一切家务,以及照顾自己3岁的孙子。"反正我也是在家待着,他们都要上班,又忙又累,我能做多点,其他人就能少操心了。"在龙惠冰看来,只要自己还能动得了,就应该尽可能多地为家庭付出。她告诉记者,自己的辛劳不仅是想帮家人减轻负担,也是想给晚辈做个榜样,希望他们能够做到尊老爱幼。龙惠冰说,现在自己最大的希望就是家庭和睦,家人身体健康,那么所有的辛苦都是值得的。

龙惠冰

2010年1月获评"广州市第四届道德模范提名奖"。

2012年获评"广州好人"。

2013年9月获评"广州市第五届道德模范提名奖"。

他从乡间来 带来兰花草

——小记好人麦浩培

□ 文 詹海林

一

1998年,麦浩培从番禺师范学校毕业,分配到钟村镇钟二小学担任语文老师。从小在大沙田长大的他,很快就适应了民田地区的生活习惯,喜欢上了钟村这个文化底蕴非常深厚的地方。他一边勤奋教学,一边坚持业余自学。他的教学论文被刊登在《广东教育》、《师道》等权威杂志上,学校领导对这位年轻的老师刮目相看,培养他为业务骨干。

然而,在钟村,麦浩培没有什么朋友,同校的教师们都有自己的家庭,所以,刚毕业时麦浩培的生活颇为孤单。他有充裕的时间,又有旺盛的精力。他觉得不能够浪费青春,应为社会多做点事情。

他得知钟村镇团委组织的志愿者联合会帮助过需要帮助的人,内心非常向往。他自告奋勇,去镇里要求加入志愿者队伍,成了一名奉献爱心的志愿者。志愿者除了做好事,还协助政府有关部门做好中心工作。只要有任务,麦浩培都乐意接受,他派发过征兵、计生宣传等传单,也为外来求职者填写求职表。但这些都是一般的工作,没有给他留下深刻的印象,直到在其他义工的带领下,见到了志愿者组织重点关注的对象棋哥。

棋哥全名叫冯锐棋,是钟村石壁三村人,曾是个承包工程的能人,在一次意外事故中不幸触电重伤,被截断了双腿和左手,右手也仅余下3个指头。一个铁汉子受到如此沉重的打击,内心的痛苦可想而知。他多次想了结人生,可是面对贤惠的妻子和一对年幼的儿女,始终没法放下。

麦浩培第一次见到棋哥,就觉得棋哥是一个坚强的、令人尊敬的人。那一天,他和伙伴们第一次来寻访棋哥,家里没人,穿过弯弯曲曲的石板古巷,来到村外的田野。一对朴实的乡村夫妇正在田里种菜,弯腰站着的是棋哥的妻子,那伏在地上,用一个蛇皮袋包住残余躯干,单手撑地移动身子,停下来的时候用小铁锄锄地种菜的,就是棋哥。远远地看到棋哥,麦浩培心头一震,眼睛潮湿了。此时的棋哥已经从人生阴影里走出来了,但是生活十分困难。女儿在读大学,儿子辍学打工,但收入不高。夫妻俩靠承包鱼塘和菜地为生。每一天,棋嫂会挑着蔬菜到市场去卖,赚到的钱除了成本,就是女儿和夫妻俩的生活来源。说他们的生活像黄连那般苦,一点也不为过。

从此,棋哥走进了麦浩培的心里,成了麦浩培最尊敬的人。他常以棋哥的事迹教育他的学生要珍惜生命,热爱生活。义工们的出现,像冬天的一束阳光,温暖着棋哥和他的家人。棋哥并不是那种依赖别人的人,他不需要义工们物质上的馈赠。然而,在麦浩培心中,却渴望为棋哥做点实事。看到棋哥爬着去菜地、鱼塘干活,麦浩培觉得当务之急是帮助棋哥解决出行的困难。经过申请,当地的一间生产残疾人电动车的公司派员工上门了解情况,他们被棋哥的自强不息感动了,捐赠给棋哥一台价值两万多元的残疾人电动车。从此,棋哥就可以直接开着电动车去地里干活了,他的脸上也因此添了一抹灿烂的笑容。

棋哥和麦浩培成了好朋友。每到周末,麦浩培常常驾车去看棋哥。农民出身的他,干起活来有板有眼,除草、浇水、摘菜,一样不差,受到棋哥夫妻的赞扬。有一回台风来袭,大雨倾盆,麦浩培首先想到的是棋哥承包的鱼塘会不会漫堤,他担心棋哥行动不便,棋嫂有可能卖菜未归,于是驱车来到石壁棋哥的鱼塘边,果然看到棋哥正对着水位渐涨的鱼塘束手无策。麦浩培赶快下车,在棋哥的指导下把鱼塘的水闸打开,保障了鱼塘的安全。

为了把棋哥的事迹宣传出去,教育更多的年轻人,麦浩培决定在钟村义工联成立十周年的晚会上,为棋哥做一个访谈节目。晚会上,棋哥的事迹感动了许多人,此后,同学们多次去看望棋哥。

二

我在钟村采访的时候,还见到了麦浩培的同事卢健忠老师。卢健忠说,他跟麦浩培相识十几年了,对麦浩培的人品十分敬佩。麦浩培非常孝顺父母,三代同堂,和睦相处。每年麦浩培和妻子都要陪同两位老人出省旅游一趟。起初老人怕花钱,不愿去,后来去得多了,视野开阔了,性格也变得开朗了。对于学生,麦浩培更抱着教书育人的责任心,做好自己的本职工作。

小彭患有先天性智力残障,15岁那年从培智学校转到他的班里。有一天,他见小彭没来上课,放学后就去家访,得知小彭的父亲外出卖菜时,不幸遇上交通事故身亡。

麦浩培了解情况后,也为小彭感到悲伤。他找到小彭的妈妈、舅舅和奶奶,表达了自己的同情和慰问,并希望丧事办完后让小彭回学校上课。处于悲痛中的彭妈妈认为麦浩培多管闲事,小彭再上学也没用,不如留在家里帮忙卖菜,让生活好过点儿。麦浩培并不气馁,经过他的再三劝说,彭妈妈答应让小彭完成小学学业。小彭上学后,麦浩培动员全班同学给予小彭关心和温暖,并让班长辅导小彭做功课。经过一年多的特殊照顾,小彭终于完成了小学学业,并考上了初中。

麦浩培现在调任番禺区毓秀小学总务主任,兼任钟村街道团工委委员、街义工联副理事长、番禺区义工联副会长。从1999年参加义工工作,他一干就是十几年,服务时数5000多小时,曾多次获得番禺区、钟村街"优秀义工"、"杰出义工"、"义工标兵"称号。2010年5月,他被聘为广州亚运亚残运城市志愿者培训导师,先后在沙湾、新造、石楼等10个镇街培训城市志愿者,总人数达5000多人。2010年12月,他被中央文明办评为"中国好人榜"助人为乐类好人;2011年4月,被评为"第四届广州优秀义工";2012年8月,被评为"温暖广州60人"之一。

麦浩培
2010年12月获评"中国好人"。

大爱无声 真情动人

——记聋哑异地务工人员潘万中

□ 文 林灵

聋哑青年潘万中是一名来自重庆的异地务工人员。他不顾个人安危跳入江中救人,被评为见义勇为的"番禺好人"。在道德讲堂上,潘万中的妻子代他讲述了他的人生经历和道德故事。

义无反顾勇救人

潘万中是石楼镇广州万捷服装有限公司一名普通的车缝工。虽然是一名聋哑人,但他从来没有因为自己身体上的缺陷而自暴自弃,从小就养成了善良本分的性格,坚持靠自己的双手养活自己。

时间倒回到2012年的10月3日。当天傍晚,潘万中正在石楼镇的砺江河边钓鱼,突然发现不远处的河中有一名女子在挣扎。看到这样的情形,潘万中想到的第一件事就是向路人呼救或者报警。无奈的是,他是一个聋哑人。救人的事情需要争分夺秒,潘万中觉得不能再等下去了,他毫不犹豫地跳到了砺江河里,奋力向这名女子游过去。游到女子的身边后,潘万中一把将女子抱住,让她不至于沉下去。感觉到有人抓住了自己,生存的欲望促使女子紧紧地抓住了潘万中。两个人的重量显然使潘万中感觉有点吃不消,这让他不能舒展开来游动。但这并没有削弱他救人的决心,潘万中一边试图平复女子激动的心情,一边利用双腿和一只手的力量,慢慢地划向岸边。经过10多分钟的努力,潘万中终于带着这名轻生的女子一起回到了岸上。

回想起当时救人的情形,潘万中用手势形容道:"上岸后,我坐在岸边直喘气,心想幸好不是冬天,要不然还真难游回来。"虽然回想起来感觉有点后怕,但潘万中并没有后悔。他觉得这是一件很平常的事,他认为每一个碰到了这种事的人都会去救人,只是这件事恰好他自己碰到而已。

很快,潘万中英勇救人的事迹传开了,石楼镇的领导和群众对他的行为赞不绝口。番禺区表彰了潘万中英勇救人的行为,给他颁发了见义勇为奖,他还被评选为番禺区优秀异地务工人员,获得"番禺好人"称号。潘万中表示,他没有想到,一件对于他来说平常的事情,会给他带来那么多的荣誉。

"我不输给别人"

没有人愿意做一个聋哑的人,但是当命运不可逆转的时候,潘万中选择了乐观地去面对,他要凭借自己的双手,活出自己的精彩。

潘万中出生在重庆一个小山村的普通家庭,他的父亲是镇上的一名医生,平时因为工作忙,很少回家。而他的母亲每天除了要照顾5个孩子外,还得干农活维持生计。潘万中在两岁的那一年,不幸得了一场大病,感冒并发高烧,但在落后的小山村里无法得到及时的治疗。从此,他就活在一个无声的世界里,再也没能说出一句话。

小小年纪就遭受命运折磨的他并没有放弃对生活的追求,而是对美好的生活更加向往。在离潘万中家不远的地方有一所小学,他的兄弟姐妹和村里的小伙伴们都在那里上学。潘万中无法像同龄人那样正常上课,只能每天在学校旁边放牛,为母亲分担一些劳动。每当看到其他孩子能够背着书包上学、放学,能够拿出书本写下他不认识的字并且大声朗读时,他的心里就充满了羡慕,幻想着过跟他们一样的生活。后来,潘万中想到了一个办法:把牛赶到山上或者拴在树上,然后爬到学校的窗户边上偷看老师讲课。尽管老师讲课他听不到也看不懂,但他还是觉得很开心。母亲知道这件事后,就买了些书、笔给他,让他的兄弟姐妹们教他认字、写字。潘万中每天把牛赶到小河边,自己就在河边的泥沙上写字,渐渐地,他也能够通过写字与人沟通了。

过了几年,潘万中和母亲一起搬到父亲的单位住。父亲为他找来缝纫师傅,想让他学一门技术。缝纫师傅看到潘万中是一个聋哑人,认为他无法与人沟通,肯定学不好,不愿意收他为徒。父亲再三地向师傅保证,师傅才勉强答应下来。果然,潘万中并没有让他的父亲和师傅失望,他凭借过人的毅力和刻苦的学习,短短的3个月就出师了。师傅也被他的态度感动了,通过裁缝衣服,师傅给了他一些钱,要他以后好好干。这是潘万中进入社会挣到的第一笔钱,他激动不已,觉得他也可以养活自己,只要他认真做事,也可以像正常人一样,不用父母来养活他,一切都会好起来的。

"感谢帮助过我的人"

在得到了那么多的荣誉后,潘万中并没有过多地提及自己的英勇事迹。在他看来,自己接受过许多人的帮助,当他遇到有需要帮助的人,肯定也会伸出援手。他首先想到的是要感谢身边每一个帮助过他的人。

初到异乡的时候,潘万中感受到了新环境和老家有很大的差别,有许多不习惯的地方,还面临着许多正常人所不能体会到的困难。一同南下的妻子总会陪在他的身边,跟他讲这里的情况,让他慢慢地熟悉这里的环境。当在工作上遇到问题的时候,妻子就帮他用纸写好,问班组长或同事们。每当提起他那健康美丽的妻子,潘万中的眼中就流露出深切的爱意。他知道自己身体上的缺陷可能会让人瞧不起,但他的妻子认识他后,却一直以平常人的心对待他,生活中也从来没有一丝怨言,只有诉不尽的关心。在他看来,妻子多年来尽心尽力地照顾、帮助他,没有嫌弃他身体上的缺陷,与他相濡以沫地生活下去,为他生儿育女,就是他一生最大的幸福。在一次无声的"演讲"中,他在演讲稿中深情地写道:"谢谢老婆！如果没有你,就没有现在的我,谢谢！"

潘万中是一个懂得感恩的人。他总是觉得,在番禺打了十几年的工,如果没有许多热心人一直帮助他,他可能没有办法继续在这里生活下去。同事、老乡们帮助潘万中适应这里的工作和生活,经常在纸上和他聊天,向他介绍工作和生活的环境。同事耐心地告诉他怎样去缝好一件衣服,当他遇到不懂的地方都会细心地给他讲解；朋友们和他分享最新的消息,让他的视野更加开阔,对番禺更加了解；在陌生的地方会有陌生人不厌其烦地给他指路,让他能够在人生路不熟的地方找到回家的路。没有人歧视他的缺陷,反而愿意热情地为他提供更多的帮助。时时刻刻,潘万中都能感受到他们对自己的关心和帮助。他用平实的字句表达了自己内心的感受:"我觉得在这里工作、生活真好,这里就是我的第二故乡。"

作为一名聋哑人,潘万中对生活充满了憧憬,通过努力的奋斗,为自己赢得了不错的工作、美满的家庭和别人的尊重。同时,他还有超出常人的勇敢和善良,下水救人,义无反顾。他的经历让他更加懂得生命的可贵,他时刻怀揣着一颗感恩的心,感谢妻子十几年来不离不弃的爱护和无微不至的关怀,感谢自己身边每一个人大大小小的帮助。

潘万中

2013年7月获评"番禺好人"。

2013年10月获评"广州好人"。

快乐义工　助老不停

——记首届"番禺好人"、沙湾义工联长者服务组组长潘宇峰

□ 文　何洋　何雅晴

晨露虽微,却可折射朝阳的光辉;一个人的力量虽小,却可用点滴行动彰显人性的伟大。没有人敢轻言义工力量的薄弱,因为他们肩负的是厚重如山的大爱精神;也没有人可以忽视一个义工的努力,因为他用一己之力传承着当下社会迫切所需的道德力量。

潘宇峰是番禺几万义工中普通的一员,没有耀眼的光环,也没有可肆意挥霍的青春,他拥有的是坚定不移、持之以恒地将义工精神不断传扬的决心。15年义工之路,9600小时志愿服务,他用自己的实际行动刻下了义工服务的不朽丰碑。

义工之路开启人生新天地

一个偶然的机会,潘宇峰经一位义工朋友介绍,欣然加入了义工的行列。当时的他对义工并不是太了解,只是抱着试试的心态,想借此多接触社会。然而就是这个临时起意的想法,为他的人生开启了一扇新的窗口,不仅改变了他的生活轨迹,也改变了他的人生观和价值观。

在老义工的带领下,他不断地加入到志愿服务的行列中。每次的志愿服务都让他对义工这个身份有更深层次的了解,也让他对义工的工作更加痴迷。"虽然出去当义工要牺牲一些业余时间,有时还会很辛苦,但每一次的服务都会让我觉得很充实,觉得做了一件很有意义的

事。可以说是帮助了他人，成长了自己。"通过志愿服务，潘宇峰的心灵受到了洗礼，思想有了新的认知，他认为义工就是不求索取，无私奉献，尽己所能地去帮助他人，用心去温暖这个社会。从此，他坚定了持之以恒做义工的信念。这一做就持续了15载，风雨不改。

主动服务将志愿精神传扬

这是一支特殊的队伍。他们经常围绕在社区孤寡老人周围，逢年过节便进入"忙碌模式"，为老人们准备粽子、月饼、元宵，送到老人们的手上。

这是一支温情的队伍。平日里，老人得到他们细致周到的服务；寿辰时，他们为老人精心策划"生日 Party"；节假日，他们带着老人逛新沙湾，让他们感受社会的新变化。

这是一支快乐的队伍。义工服务是他们寻找快乐的法宝，"快乐义工，助老不停"是他们不懈的追求。

这支队伍就是沙湾义工联长者服务组，而"领头人"就是潘宇峰。2006年，潘宇峰开始担任沙湾义工联长者服务组组长。刚开始时，这个组只有10余名义工，服务对象也只是政府指定的几位孤寡老人。"不安于现状"的潘宇峰主动将社区中一些孤苦无依的老人纳入服务范围，并且增加服务内容。他一有时间就到服务对象家里走走，陪陪老人话家常，看看老人需要哪些帮助，帮他们解决实际困难。实在太忙的话，他也会在老人们屋外打声招呼再走。在他的带动下，社区中时常能看到义工队伍的身影，社区孤寡老人的笑容也一天天地多了起来。

服务做得到位，群众自然赞赏，长者服务组的口碑也不断提升，许多人主动加入到义工队伍里来。潘宇峰也积极发动身边的人，带动他们一起做义工，将义工精神不断传播。在他的发动下，有的一家人都加入了义工队伍，有的父亲和女儿分别加入，参加服务时才知道对方加入了，一时传为佳话。"一人当义工，全家齐参与"，这是沙湾义工联长者服务组独有的一道风景。如今，潘宇峰的长者服务组已有义工200多名,经常参加志愿服务的有五六十人,队伍不断壮大,影响力也不断提高。

安心做社区老人的守护者

在志愿服务的过程中,潘宇峰也遇到过一些困难。然而,不管困难多大,他都没有丝毫动摇过,坚持克服一切困难,以心换心打动服务对象。

辖区内曾有一位80多岁的孤寡老人张伯,双目失明、行动不便,长期与社会缺乏联系,性格有些孤僻。潘宇峰得知后,经常带着服务组成员前去探望。起初,老人十分抵制,认为义工服务对他没有任何意义,对义工不热情,甚至冷言冷语。潘宇峰和其他义工并没有因此而退缩,而是仔细研究了老人的实际情况,"对症下药"。针对老人比较脱离社会,平时少与人沟通的情况,潘宇峰不厌其烦地经常去老人家走访,主动陪他聊天,从细微之处照顾他,用真心去感动他。久而久之,老人逐渐敞开心扉,乐于接受义工服务,到后来甚至依赖上了义工。弥留之际张伯还专门托话给潘宇峰,说最后这两年是他晚年最快乐的时光,因为一直有义工们的陪伴。

潘宇峰及其团队真诚细致的服务,让许多孤寡老人都把他们当作亲人看待,以至于有的老人遇到困难和危险,第一时间想到的不是向邻居和警察求助,而是找义工。有一次,社区里一位90多岁的阿婆单独在家时不小心摔倒在地,周边的人听不到老人的呼喊。阿婆强忍疼痛,在地上足足爬了两个多小时,才爬到了电话前,将电话拨给了潘宇峰。潘宇峰放下手中的事情,马上赶到了阿婆家,发现大门紧锁无法打开,于是立刻拨打了110。最后在警察、120医护人员与义工的共同努力下,阿婆得到了及时救治。

在长期服务孤寡老人的过程中,潘宇峰总结出了自己的一套和老人打交道的方式,那就是做一名耐心的聆听者。孤寡老人平时都是一个人独处,内心寂寞,容易追忆往事,常常需要倾诉。于是,每次去探望服务对象，潘宇峰总会默默地坐在一旁，静静地聆听老人的倾诉，通过聆听把握老人的心理动态，从而针对性地制订服务内容。潘宇峰坦言，在聆听的过程中，自己也收获颇丰。体味老人们不同的人生经历和人生感悟，自己深受启发，也感受到了孝道的可贵，回到家中对父母也格外尊敬。

志愿服务就是快乐的源泉

15年的青春年华，无怨无悔，艰辛与收获并存，汗水与快乐相伴。

在外人看来，为长者服务就是做苦活、累活，当义工宁可去青少年服务组、助残组，也不去长者服务组。潘宇峰却并不这么看，他认为，"怀着一颗纯净的心去做义工，会让你越做越轻松，越做越快乐"。这是他悟出的快乐真谛。

周末，绝大多数人会把时间留给家人、朋友，出去聚会，寻找快乐。潘宇峰却把周末与家人、朋友聚会的时间全部给了义工服务。他的生活圈子与义工紧密结合，家人和朋友许多都是义工。有志愿服务时，潘宇峰就会打电话约上一大帮义工朋友。大家应约而来，也就是一次朋友聚会了。在义工服务中，他收获了一份义工情缘，自己的爱人就是在义工队伍里结识的，他也获得了另一半最大的支持。在义工道路上，爱人的陪伴让他有了不竭的动力。

潘宇峰坦言，是义工的经历改变了他，让他更好地融入社会，实现自己的人生价值。他也将志愿服务融入生活，使之成为他的快乐源泉。"做义工是一件很简单的事情，一声问候、一个微笑就能让孤寡老人倍觉温暖，如此，何乐而不为呢？"潘宇峰更加坚定了将义工一直做下去的信念，"我找不到退出的理由，义工就是我生活的一部分，只要不是老到动不了，我都会把义工一直做下去"。

潘宇峰

2013年3月获评"番禺好人"。

壮志浩然气　丹心侠义情
——记见义勇为英雄彭炳基

□ 文　蔡蕴维

有一种力量,像光明的火焰,驱散黑夜的寒冷;有一位英雄,以沸腾的热血,救人于危难的时刻。他就是侠骨义胆、见义勇为的英雄——彭炳基。

彭炳基是丰叶汽车空调维修部的主管。他是一名铁骨铮铮的硬汉子、见义勇为的真英雄,他一身浩然正气,满怀侠义之情,以"天下无贼"为己任。十多年来,他冒着生命危险,主动协助公安机关抓获不法分子30多名,身上伤痕累累,但对见义勇为,他依旧勇往直前、无怨无悔。

最惊险——利刀划在手臂上

1998年的某一天,彭炳基如往常一样骑着摩托车上班。当他路经南村镇昆仑五金店门前时,突然听到店内有人惊呼"抢钱啊",声音中充满了焦急与惶恐。

彭炳基立即放慢了车速,只见有人从五金店里冲了出来,把钱箱紧紧抱在怀中狂奔逃窜。彭炳基马上调转摩托车头,向那人追了过去。那人见彭炳基勇猛过人、穷追不舍,一时害怕起来,胡乱把钱箱扔在路边,继续逃命。

彭炳基并没有放弃追截。他想,这人居然在光天化日之下冲进五金店抢劫,真是贼胆包天,绝不能让他逍遥法外!于是他开着摩托车追到匪徒身后,机智地顺势加速向前一撞,把犯罪嫌疑人撞倒在地。正当彭炳基下车准备抓住犯罪嫌疑人的衣领将其制服时,犯罪嫌疑人逃命心切,不顾一切地拔出利刀,反手就向彭炳基横劈过来。彭炳基虽然反应敏捷,左手仍然被利刀划开了一道口子,鲜血直流。彭炳基没有害怕和退缩,而是强忍着疼痛,勇猛地冲上去,敏捷地夺过利刀,并将犯罪嫌疑人按倒在地。

这时,五金店的老板娘带着民警和附近的民众及时赶到,一起制服了犯罪嫌疑人。彭炳基没有留下自己的姓名,而是默默地包扎好伤口,继续上班去了。

最荣幸——荣获见义勇为证书

2009年6月,南村镇派出所一名治安员在南山名苑追捕一名盗窃嫌疑人。彭炳基及其两个朋友路见不平,奋勇协助,与治安员一起展开追截。当彭炳基追到茶岗路一家商店附近时,盗窃嫌疑人见彭炳基穷追不舍,举起一张椅子狠狠地向彭炳基砸过去。彭炳基始料不及,只好举起右手挡过去。椅子重重地砸在他的右臂上,发出一声闷响。彭炳基强忍伤痛,奋力将盗窃嫌疑人扑倒在地。这时,治安员也赶到了,两人合力将犯罪嫌疑人制服。

经医生检查,彭炳基右手骨折。由于受伤较重,彭炳基在受伤期间的日常生活都需要家人照料,并花了6000多元的医疗费。虽然面对家人他感到愧疚,但他并不后悔。彭炳基见义勇为的英雄事迹被广泛传扬开去,2009年8月,番禺区见义勇为基金会对彭炳基进行了慰问奖励,并颁发了见义勇为证书。彭炳基见义勇为30多次,这是第一次受到奖励,他感到非常荣幸,并表示会"将见义勇为进行到底"。

最机智——让好色之徒在女工面前曝光

2010年,彭炳基所在的工厂出现了一名好色之徒,经常到隔壁工厂女工宿舍附近埋伏,偷窥女工换衣服和洗澡。虽然已被民警抓获并教育过几次,但这名好色之徒仍旧色心不改。该厂上下人心惶惶,女工们更是担惊受怕。

为了让女工们安心地工作和生活,彭炳基决定仗义出手。他想,这名好色之徒多次被民警抓获仍屡教不改,必须想法子震慑他,避免偷窥事件再次发生。

于是,彭炳基与朋友伺机而动,趁这名好色之徒再次作案的时候将其捉住。机智的彭炳基并没马上将其扭送至派出所,而是把宿舍里所有的女工都召集起来,将那个偷窥狂在广大女工面前曝光,让所有女工都认清这名好色之徒的真面目。从此以后,那个偷窥狂再也没有在彭炳基所在的工厂出现过,隔壁厂的女工们也可以安心地生活和工作了。

最愤怒——让歹徒逍遥法外

当被问到为什么能够做到见义勇为、热心捉贼时,彭炳基表示,因为他有切肤之痛。当年他刚结婚时,妻子在市桥逛街被歹徒抢了项链,虽然抓住了歹徒,但是项链早已被狡猾的歹徒丢弃了。因为找不到证据,最后还是没办法立案,只能看着歹徒逍遥法外。"如果当时有人及时出手制止,老婆的项链就不会被人抢走,歹徒也会被绳之以法。"彭炳基说。妻子项链被抢固然令人生气,然而最让人愤怒的是歹徒还逍遥法外。一次侥幸会让歹徒更加猖狂,使更多的人受到伤害。因此,他要路见不平,拔刀相助,从自己做起,对歹徒要见一个抓一个,将他们绳之以法。

最感慨——助晕倒路人反被误会

除了见义勇为、热心捉贼,彭炳基在日常生活中也积极帮助需要帮助的人。有一次,彭炳基见一名妇女在路边晕倒了,于是立即过去把她移到阴凉的地方休息。彭炳基拿出晕倒妇女的手机,拨通了她亲戚的电话,告知对方该女子出现了不适,请其亲戚来把她接回去休息。然而,女子的几名亲戚都认为彭炳基是骗子,冷淡应对,不肯相信。

彭炳基的善行感染了周围的人。一名老人见状,拿出清凉油帮女子涂抹,附近一家商店的老板也请女子坐到椅子上,并倒了温水给她喝。

彭炳基说,他多次见义勇为、帮人助人,这次最为感慨。社会复杂,特别是前几年,骗案层出不穷,使得大家都带着很重的防备心,很冷漠,不愿意去相信人、帮助人。作为一名公民,他愿意从身边事做起,从自己做起,弘扬见义勇为的精神,带动更多的人见义勇为,乐于助人。

平时,彭炳基总是多留一份心,如果发现异常情况,他会第一时间提供协助,或报告给派出所,并且经常与社区民警及居委会干部沟通社区治安情况。

彭炳基说,作为一位公民,在面对不法分子时,有义务勇敢地站出来与其做斗争,为社会的稳定出一份力,让不法分子在每个角落都感到压力。仅仅有见义勇为的满腔热情还不够,公民需要见义勇为,更需要"见义智为"。在突发和危急的情况面前,一定要更加清醒和冷静,在确保自己生命安全的基础上,才能"该出手时就出手"。

由于多次见义勇为,彭炳基被评为"番禺好人",并荣登"中国好人榜",他的事迹被广泛地宣传报道。屡次的受伤没有使他却步,多次的嘉奖也没有让他骄傲,他仍然是那个充满浩然正气、侠骨丹心、智勇双全的真英雄。

彭炳基

2011年8月获评"中国好人"。

点燃心之明灯

——走近番禺大石人民医院急诊科护士长覃玉鸣

□ 文 曾丽琼

> 在我的字典中没有"失望"、"退缩"这样的词汇。
> ——佛罗伦萨·南丁格尔

第一次见到覃玉鸣,是9月初的一个上午,下着雨。她身材看起来并不高大,而这样的身躯竟然可以二十几年如一日地工作在医院第一线,承担着常人难以想象的工作量、责任和压力,并且取得骄人的成绩!

带着疑问,我与覃玉鸣进行了一次温暖的谈话。

我们的第一个话题是职业的选择。她说,当年选择医护这一行,是受家人的影响。她的两个姐姐和两个姐夫都是医生,她耳濡目染,觉得医生是神圣的职业,所以中学毕业就报读了广西医科大学的护理学院。毕业后先到广州珠江医院,后转到大石人民医院当护士,一干就是二十几年,而且一直在急诊科。她说,她热爱这一行,因为这是救死扶伤的工作,当看见一个个危重病人经由自己和同事的抢救、医治而康复,就感到无比高兴和自豪。她对自己,也对身边的护士说:"要用心去救人,一辈子能干好这件事就相当不错了。"

"要用心去救人",很朴素的话语,这无疑是覃玉鸣的工作动力和人生方向。她把为患者解除痛苦作为人生的追求,把挽救病人的生命作为自己的责任和使命。

为了用心去救人和救更多的人,覃玉鸣不断学习、进修,从日常工作的观摩到常规的短期培训,以至专业的高等课程学习,从最初的中专毕业,到后来的本科学历,覃玉鸣一步一个脚印,日渐积累,不断进步。她从来不放过任何学习的机会,主动接受新知识、新挑战。刚参加工作时,她常常利用休息时间跑回科室,独自琢磨急救仪器的使用,还时时留心观察资深护士为小儿进行静脉注射、外科医生缝合伤口。

随着医护知识、技能、经验的不断提升和丰富,她成为工作上的能手、急诊科护士的榜样。比如静脉穿刺,虽是护士的基本功,但要为刚出生的高度窒息婴儿、休克的患儿建立静脉通道却需要一手硬功夫。每当产房遇到这种紧急情况,覃玉鸣都能做到快速、准确、稳妥地为病人开辟静脉通道,从而挽救了一个个小生命。一直以来,不管是急诊科还是住院患儿,静脉穿刺困难且家属过度紧张,往往会给护士带来很大压力而导致穿刺失败,甚至发生纠纷,这时候,覃玉鸣常常成了会诊专家。

至于她参与救人时的镇定和娴熟的技术,更让病人和医生佩服。1996年7月的某天晚上,覃玉鸣值夜班,碰上补液区一位哮喘病人呼吸骤停。覃玉鸣立即给病人畅通气道、气管插管、呼吸囊辅助呼吸。渐渐地,病人恢复了自主呼吸,当时值班的医生抹了一把汗说:"今晚如果不是你值班,这名病人不知道会怎样。"覃玉鸣激动得哭了。2000年,覃玉鸣和医院的医生出车到大石河村抢救一名溺水儿童,当他们到达河村卫生站时,村医生已停止一系列抢救,说:"没有了,心跳呼吸没有了。"小孩的家属悲痛万分,看见他们,跪倒在地上哀求:"医生,快救救我的孩子!求求你们,求求你们!"覃玉鸣和医生二话不说,毫不犹豫地投入抢救——气管插管,胸外心脏按压,颈外静脉穿刺打开通道,静推肾上腺素。由于进行了有效抢救,最终将孩子从死亡线上夺了回来。此次抢救得到了外院专家的充分肯定和赞扬。2012年1月,一位60多岁的阿婆被送进急诊室,当时阿婆已处于昏迷状态,生命危在旦夕。据阿婆儿子称,阿婆在吃饭时突感不适,呼吸困难。覃玉鸣立即用喉镜打开阿婆的气道,发现一团糯米饭正卡在患者的气管上,她随即打开吸痰机用吸痰管将糯米饭吸了出来,并加压给氧。不到一分钟,阿婆就醒过来了。在场的医护人员无不惊叹于覃玉鸣的判断准确,处事果断。

这几个例子,只是覃玉鸣20多年职业生涯中的几段插曲,而正是这些精彩的插曲,使覃玉鸣赢得了病患和同事的敬重。

覃玉鸣说,从事医护这一行,一定要有责任心和使命感。她刚参加工作不到一个月的时候,一天急诊科来了20多名食物中毒的民工。当时她已经下班,刚走出科室,本可以不管,但看到情况十分危急,她毫不犹豫地穿上白大褂,测生命体征、补液、吸氧、洗胃、留取呕吐标本……在资深护士的指导下,抢救工作有条不紊地进行。参加这种重大的抢救或服务,是覃玉鸣职业生涯中常有的事。如1996年番禺沙湾地区爆发登革热,她自愿报名参加支援工作。当时医院工作环境恶劣,疫情严重,覃玉鸣不分昼夜地做好每个病人的抢救护理工作,获得了上级领导的肯定。2003年"非典"疫情暴发,社会上人心惶惶,连医护人员都对当时这一"不明原因的肺炎"感到恐惧,生怕在救护过程中被感染。但作为护士长的覃玉鸣在防护设备还未完善的情况下,始终坚守一线,千方百计做好各项防护措施。也许很多人都不知道,广州市第一例确诊的"非典"病人首次就诊的医院就是大石人民医院。可以说,危险时刻都在覃玉鸣和她的同事身边,但覃玉鸣毫不退缩。因为出色的工作,在这场没有硝烟的战斗中,急诊科被评为广东省抗"非典"先进集体,覃玉鸣被评为广州市抗"非典"先进个人。2010年亚运期间,为保证老百姓的急救医疗服务不受影响,覃玉鸣和她的护理团队连续两个月没休息,保证车班护士、亚运班24小时运转,并始终热情服务,不让每位就诊患者多等一分钟。

覃玉鸣告诉我,干医护这份工作,一定要有同情心和爱心。所以她在工作中始终坚持以病人为中心,急病人之所急,想病人之所想,视病人如亲人。当我问及如何看待时下医患间存在的某种程度的紧张关系时,她说,作为医护人员要正视这种现实,要多地从自己身上找原因,要多地站在病人的立场看问题,尽一切能力为病人提供医疗服务,尽量满足病人的合理要求,这样,医患矛盾就会减少,甚至不会发生。覃玉鸣和急诊科的全体医护人员一直坚持做到"七声"(来有迎声、去有送声、治疗时有称呼声、合作后有谢声、遇到病人有询问声、操作失误有道歉声、接听电话有问候声)、"六心"(热心、爱心、细心、耐心、责任心、同情心)、"四动"(主动介绍、主动帮助、主动征求、主动反馈)、"三勤"(勤观察、勤动手、勤动口),用真诚的心和优质的服务接诊每一个病人,努力为病人解除痛苦。

覃玉鸣不但对病患充满同情心和爱心,对部门的同事也关爱有加。她关心护士们的成长,和大家一起培训、学习,手把手地指导年轻的护士,鼓励护士参加各种活动和比赛,不断提高基本功。生活上,她平易近人,总把帮助别人也就是帮助自己作为信条。她坚信"一枝独秀不是春,万紫千红春满园",所以她从不计较上下级的关系,注重培养护士的团队精神。在科室全体人员的努力下,急诊科多次在医院组织的比赛中获奖,并多次被评为单位年度先进集体。

覃玉鸣长期工作在急诊一线,不论昼夜、假日,都是随叫随到。有时紧张起来,就像行军打仗似的。采访的当天下午,我在大石医院的急诊科看着她和她的同事们忙碌的身影,真切感受到她们紧张有序的工作气氛。忘我的工作让覃玉鸣赢得了同事和病患的赞誉,却也让她难以很好地照顾家人,更失去了许多与家人欢聚的机会。丈夫和女儿不理解。一向很懂事的女儿常常对母亲说:"妈妈,您能不能不做护士?"丈夫说:"这么辛苦,你为的是什么?"面对家人,尤其是女儿,覃玉鸣深感愧疚。女儿上幼儿园时,往往是最早一个到达,最后一个离去。也有同事劝覃玉鸣申请换个岗位,但覃玉鸣从未想过放弃,她始终坚守自己的信念:"既然选择了这份职业,就一定要坚持下去。"

走近覃玉鸣,你会发现尽管她的外表很平凡,但内心很强大,因为她永远充满爱心、同情心、责任感和使命感。正如南丁格尔所说,"在我的字典中没有'失望'、'退缩'这样的词汇",在覃玉鸣的人生字典中同样没有"失望"、"退缩"这样的词汇。20多年来,她努力着、追求着、坚守着、奉献着、收获着,用实际行动诠释了"医术是一切技术中最美和最高尚的"。"中国好人"敬业奉献类好人、2009—2011年度番禺区劳动模范、2013年广州市"南丁格尔"优秀护士……众多的荣誉见证了她的付出与辛劳,也是对她工作的肯定与褒奖。

因为热爱,所以执着;因为执着,所以专业;因为专业,救治了他人也成就了自己。在覃玉鸣20多年的职业生涯中,她总是勇敢地沿着南丁格尔的足印不断前进,默默践行着"提灯女神"的无私精神,用博大的胸襟一次次点燃和擎起心中的明灯,让大爱的光芒照耀、温暖着病人,也照耀、温暖着我们。

覃玉鸣

2011年5月获评"中国好人"。

2013年9月获评"广州市第五届道德模范"。

谭惠芳：坚守义工路　小善铸大爱

□ 文　陈琳云

谭惠芳，一名普通的家庭妇女，虽然只有初中文化程度，却有着高尚的情操，在重重的生活压力下仍不忘关爱他人。做义工13年来，她用真心、爱心和耐心对待每一个服务对象，用小善铸就大爱。她于2004年获评"市桥街优秀义工"，2008年荣获"广州十大杰出志愿者"称号，2012年入选"番禺好人"候选人。

从自卑到自信

熟悉谭惠芳的人都叫她"芳姐"。芳姐曾自认是一个苦命的人。她从小家境贫困，刚上初一就被迫辍学做建筑工。婚后，生活还是一如既往的贫困。为谋生，芳姐在服装厂、糖厂等多家工厂做过工，勉强维持生活。1999年，芳姐下岗了，生活一下子陷入窘境。后经朋友介绍，芳姐成为市桥公路总站的一名清洁工。"能找到工作多亏别人帮助，如果我也能帮助他人就好了！"怀着这个质朴的想法，芳姐成了一名义工。

"第一次探访我的心情两天都没平静！"2002年清明节，芳姐第一次探访了何伯。当时何伯已经80多岁了，还在市桥大桥下卖烟丝。当获悉何伯有两个智障儿子需要照顾时，芳姐震惊了，"原来还有比我更命苦的人"。芳姐第二次探访的对象是培智学校聋哑班的小朋友，看着那些天真活泼却听不见声音、不能讲话的孩子，她再一次震撼了。两次探访解开了芳姐多年的心结,也坚定了芳姐坚持做义工的决心,"原来自己不算是苦命的人,比起许多人来说,自己已经很幸福了"。

芳姐说,由于读书不多,家庭经济条件也不好,自己曾非常自卑和内向,就连与陌生人交谈都很困难。然而,"进入义工这支队伍,就像进入了一所社会大学。在这里,我找到了快乐,也找到了自信"。2003年,在助残部的一次总结会上,芳姐被提名担任组长,她的第一反应就是断然拒绝。"自己只有初中文化,连做个会议记录都成问题,怎么能负责整个小组的工作呢?别人又怎么能信服我呢?"看到芳姐的种种顾虑,区义工联助残部部长林义平鼓励说:"芳姐,不要有太大的思想负担,读书不多不是问题,做义工关键在于有爱心和耐心。"在大家的鼓励和支持下,芳姐正式成为助残部朝阳组的组长,她用自己最大的努力与热忱全情投入,与朝阳组共同成长和成熟。

如今,芳姐已成长为助残部副部长,朝阳组的义工人数也从8人增加到200多人,服务对象从4名增加到200多名。曾经内向、不善沟通的芳姐现在变得很喜欢交朋友。"作为义工,除了要善于与服务对象沟通,尽量从心理上给予对方帮助外,很重要的一点,还要积极影响身边的人,让他们认识、理解、支持义工这个群体。"芳姐告诉记者,自己爱交朋友,一方面可以让自己视野更开阔,另一方面也是想通过自己的言行影响对方,让对方支持义工工作,甚至加入义工行列。

带给服务对象更多的尊重和关爱

芳姐所在的助残部主要的服务对象是患有自闭、智障、残疾的人群以及精神病人等,不仅工作难度大,还存在一定的危险性。有人曾问芳姐:"你不害怕吗?"芳姐微笑着摇摇头,她说,在自己心目中,所有的人都是平等的,这些服务对象比正常人更需要尊重和关爱。

在芳姐的服务对象中,有一名叫阿坤的智障者。初遇阿坤是在2003年,芳姐听居委会的工作人员介绍说,阿坤长期带着一把长水果刀,对人比较有敌意。通过周边邻居以及居委会,芳姐了解到阿坤是孤儿,因为生下来智力有问题,被亲生父母遗弃。养母身体不好,只能靠在街边卖些蔬菜为生。阿坤虽然智障,对养母却特别维护,养母出门卖菜时他都要带着水果刀跟在后面,如果有人不买养母的菜,阿坤都会挥刀相向。为了让阿坤消除敌意,芳姐特意带着一些生活用品和小礼物来到阿坤家,隔着好几米像哄小孩一样对阿坤说:"阿坤,你看我带了什么东西?有大米,有纸巾。快点放下刀出来啦,拿这些东西去给你阿妈,她就不用那么辛苦卖菜啦。"躲在门口观察了十几分钟后,阿坤终于慢慢走出家门接过了礼物,并将水果刀交到了芳姐手中。看到阿坤放下刀,周边的邻居终于大大松了一口气。随着芳姐探访次数的增多,阿坤慢慢放松了戒备,人也越来越开朗,还在一家小饭店找了一份洗碗的工作。

在一次探访中,芳姐见到阿坤正气鼓鼓地走出门,于是问道:"阿坤,你出去干什么?"阿坤回答:"我要去买刀。"芳姐一惊,连忙询问原因,原来是老板拖欠了阿坤好几个月的工资。芳姐劝住阿坤,立即带着他找到老板,晓之以理,动之以情,最终说服老板补发了拖欠的工资,老板还承诺每个月再给阿坤加50元钱工资。

舍小家顾大家

还没退休时,芳姐只能利用工作之余的时间探访服务对象,2011年退休后,芳姐便将所有的时间和精力投入到义工工作中。芳姐每个月只有2000多元的退休金,还要拿出一部分开展义工工作,而为了女儿上学,家中还欠着好几万元钱的债。"做义工这么多年,我确实对家庭亏欠很多,但幸好家人都很支持我。"

2006年,芳姐的女儿欣欣上初三,芳姐想多些时间照顾她,便向助残部请假休息一年。服务对象好久没见芳姐,便打电话给她询问近况。"我觉得自己好像欠他们似的。"芳姐说。欣欣察觉到妈妈的心思,懂事地对她说:"妈妈,喜欢做的事就尽管去做吧,否则您老是把心事放在心里面,这样比您花点时间去探访还要辛苦,您就去看看几位老人家吧。"女儿的理解让芳姐重新回归助残部,她又一如既往地去探访服务对象。在芳姐的影响下,欣欣也加入了义工队伍,如今已是一名资深义工。

就在这一年,芳姐的妈妈得重病住院了。2006年12月11日晚上8点多,芳姐接到一名义工的电话:"你快来看看,何伯身体僵直。"此时,芳姐的妈妈正在急救室里抢救,她不知道怎么办。"妈妈有医生和家人照顾,而何伯身边只有一个智障儿子。"经过一番思想斗争,芳姐悄悄地离开医院去何伯家送他最后一程。"想起来后怕,如果当时妈妈没抢救过来,我无法原谅自己。"自从做义工后,芳姐去探望妈妈的时间少了,妈妈不仅没有怨言,还对她说:"不要为我担心,我已经很满足了,多去探望那些需要帮助的人吧。"妈妈即使在重病时,见芳姐常去探望她,老人家还问她:"义工那边没事做吗?"芳姐告诉妈妈她一直在做义工,最近又去探访了哪些服务对象,妈妈听了很开心。

做一辈子义工

"对于自闭者,我们要多开导和鼓励;对于肢残者,要与他们做朋友,带动他们走入社会群体……每个对象的成功都需要家人的配合和鼓励。"做义工10多年来,芳姐将自己的心路历程以及义工心得都记录在一个本子上,虽然文字简朴,还不时夹杂着错别字,但其背后却是芳姐十几年如一日的坚持守护和无言大爱。

芳姐说,做了这么多年义工,最大的感触就是"真心付出,贵在坚持"。"刚开始做义工时,确实遭遇到不少白眼,认为我们是无聊多事。不过幸好我们坚持下来了,看着身边的人从不理解到支持,看着一个个服务对象的笑脸,我们真的觉得好有成就感,所有的辛苦和压力都觉得值得。"芳姐还告诉记者,要想顺利开展义工服务,服务对象家人的理解和配合十分重要,很多半途而废的义工服务大多是因为服务对象家人的抵触造成的。"对于服务对象的家人,我们理解他们的思想负担和心理压力,然而,给予服务对象更多的关爱和耐心,哪怕只有万分之一的希望，也不应该放弃。"

芳姐虽然没有多少文化，但她用实际行动感召着身边的人，芳姐的很多服务对象最后都主动加入义工队伍。"能够将志愿服务当作事业来做的人不多，芳姐就是其中之一。"这是番禺区义工联助残部部长林义平对芳姐的评价。芳姐刚入助残部时，林义平曾问她："能否做10年的义工？"芳姐迟疑了一会儿后回答"可以"。如今，芳姐希望能做一辈子的义工，不仅要将做义工的传统在家中代代相传，还希望可以带动更多的人加入义工队伍或是献出爱心，让服务对象得到更多的温暖。

谭惠芳

2013年7月获评"番禺好人"。

2013年12月获评"广州好人"。

春风化雨　润物无声

——记首届"番禺好人",大龙街、石碁镇义工联青少年成长组组长邬惠玲

□ 文　何洋　何雅晴

有些人,因为做了一件好事而沾沾自喜;有些人,却默默无闻地做了大半辈子的好事。有些人,在参加志愿服务时叫苦不迭;有些人,却无怨无悔地坚持了很多年。有些人,把做义工当作生活的"点缀";有些人,却把做义工当成事业。大龙街、石碁镇义工联青少年成长组组长邬惠玲显然属于后者。

邬惠玲是一位平凡的母亲,却用无私大爱温暖着单亲特困家庭的孩子;她是一名执着的义工,九年如一日默默地践行着志愿服务精神;她是一位虔诚的善者,甘愿省吃俭用兼济有困难的人。她先后荣获"广州市第三届优秀义工"、"微笑广州'雷锋式'志愿服务先进个人"、番禺区"优秀义工"、番禺区"三星优秀义工"、番禺区亚运志愿者"优秀义工"、2010年北京市"幸福工程爱心妈妈大行动"等众多称号。

大爱无声　始发于心

邬惠玲的志愿之旅启程于 2005 年,在番禺的义工队伍中并不算早,但这并非她一心向善的起点。早在读书的时候,她就心存善念,乐于助人,时常因为做好事而得到老师和长辈的夸奖。时间并没有将她这份热心磨灭,反而如一份醇酿般越来越香浓。她在电视里经常看到义工团体参加志愿服务的场景,觉得他们的行为非常高尚,由此萌生

了加入义工队伍的念头。2005年,她终于如愿以偿地加入到了石碁镇义工联,正式成为一名义工。

加入到义工联后,乐于助人的邬惠玲如鱼得水,很快就以积极的态度、饱满的热情和出众的才能获得了石碁镇义工联的认可。2006年,石碁镇义工联青少年成长组急需一名组长,邬惠玲众望所归地担起了这一职责。

担任组长后,邬惠玲先后走访了辖区内所有的行政村,获取了所有单亲家庭的资料,通过筛选找出需要帮助的服务对象,并不辞辛苦地走村串户进行走访,了解这些服务对象的实际情况。3个月后,邬惠玲带领青少年成长组义工组织了一场单亲家庭户外亲子活动,共有60多人参加。活动得到了单亲家庭的一致认可,许多人表示感受很深、收获很大,比较僵硬的家庭关系得到了极大的改善,同时也拉近了义工与服务对象的距离,消除了沟通的隔阂。好的开始是成功的一半,青少年成长组在邬惠玲的用心经营下,逐渐步入正轨。

大爱无痕　感润心灵

邬惠玲带领的青少年成长组总共有80多名服务对象,他们当中有特困家庭的孩子,有残障儿童,也不乏"问题少年"。对于那些有不良嗜好的孩子,邬惠玲总是把他们当成自己的孩子,从"心"出发,耐心劝导。

阿华是邬惠玲刚任青少年成长组组长时遇到的一名服务对象。成长在单亲家庭的他一直生活在老家,后来到番禺与母亲生活。在新的生活环境中,阿华养成了叛逆的性格,经常逃学,沉迷网络,甚至参与赌博,还干些小偷小摸的事。掌握了阿华的情况后,邬惠玲找到阿华,不厌其烦地同他谈心,耐心地开导他。起初阿华并不接受,但邬惠玲并不气馁,从生活的小细节上关心他。在这种温情攻势下,阿华终于被感动了,不断地改正陋习,并重返学校。后来由于家庭原因,阿华于初三下学期辍学,在邬惠玲的帮助下找到了一份工作,走上了正途。如今,提起邬惠玲,阿华总是满怀感激。

在与服务对象的沟通交流中，邬惠玲不仅帮助他们打开心结，同时还积极引导他们树立正确的人生观和价值观，并带动他们从事志愿服务，在青少年心中播下志愿服务的种子。

阿慧(化名)是一名患有自闭症的女孩,由于与家庭和社会缺乏沟通,她多次在家以各种方式想结束自己的生命,即使救治出院依然想着自杀,有着强烈的厌世情绪。接到其父的求助后,邬惠玲来到了她家,没想到对外人极度排斥的阿慧对邬惠玲却表现得十分亲近。邬惠玲趁机与阿慧谈心,一聊就是几个小时。当邬惠玲要走的时候,阿慧不让她离开,并表示这次走了,下次邬惠玲就不一定能见到自己了。邬惠玲承诺尽早来看她,当天晚上,邬惠玲又打电话给她,聊了一个多小时。在随后的日子里,邬惠玲几乎每天都给阿慧打电话,稳定她的情绪,帮助她克服心理障碍。虽然阿慧还是提到想离开这个世界,但心里明显有些动摇。在此期间,邬惠玲隔三差五地抽空去看望她,陪她聊天,并且主动带她到户外去散心。功夫不负有心人,在邬惠玲的不懈努力下,本已绝望的阿慧重拾活下去的信心,不仅打消了轻生的念头,还有了独立生活的能力。在邬惠玲的带动下,她还怀着一颗感恩的心加入了义工联,经常参加志愿服务。如今,阿慧把邬惠玲视如亲人,感谢她给了自己第二次生命。

大爱无疆　上善若水

"上善若水,水善利万物而不争,处众人之所恶。"用这句话来形容邬惠玲执着做义工的心境也许再合适不过了。许多与她同龄的妇女都把时间花在打麻将、出去旅游上,而她却千方百计挤出时间去做志愿服务。别人不愿意做的事情,她抢着去做。常常有人问她:"我们自己教育小孩都那么难,而你怎么能那么开心地去帮别人教导小孩?"每每这个时候,邬惠玲总是付之一笑:"看到那些服务对象一天天地变好,是一件非常有成就感的事情,也是我快乐的源泉。我十分享受这个过程,自己从中也得到许多感悟。"

除了专注地做义工，邬惠玲还一心做善事。"只要看到或者听到那些贫困人群的遭遇，我就特别心酸，即使自己省吃俭用也想去帮助他们。"一次，她在服务对象家中探访时，听说对面住户的女主人是一名癌症患者，丈夫的月工资才1000元钱，而家中有3个小孩，最大的女儿才上初中，成绩非常好，即将辍学。由于家境贫寒，女主人没钱治病，癌症已经到了晚期。了解这一情况后，邬惠玲心里十分难受，立刻来到对面住户家探望了她。回去后，邬惠玲立刻发动了亲戚朋友，一起筹集了5000元钱，资助她的子女上学，并且时不时为她买药。

邬惠玲做善事不仅仅局限在身边，哪里需要她，无论多远，她都会赶过去，尽自己所能去帮助对方。她曾到沙湾帮助过一个患有白血病的女孩，资助桥南街草河村一个困难家庭。前些年粤北一带发生水灾，她组织了5辆车运送物资，救济受灾群众。

令邬惠玲感到欣慰的是，家人都很支持她的工作。儿子从小便跟着她一起做义工，虽然才上高中，却已是一名资深义工了。这些更加坚定了她将义工当作终身事业来做的信念。"我只是希望这个社会越来越好，人与人之间相处更加轻松，我希望自己能为社会的和谐尽一份绵薄之力。"

邬惠玲
2013年3月获评"番禺好人"。
2013年5月获评"广州好人"。

生命路上 与爱同行
——记首届"番禺好人"获奖者吴铁成

□ 文 蔡昕珉

夏日的早晨,大夫山的小路上,一位年迈而清癯的男子正用轮椅推着他的妻子,慢慢地走着。微风拂动路旁芒果树浓密的枝叶,鸟儿在枝头叽叽喳喳,阳光暖暖地拥着他们,照出夫妻俩脸上幸福的光芒。

这便是番禺区钟村街钟村社区的吴铁成和他的妻子。尽管两人话不多,但举手投足间显现的是多年来相扶相依、互相信任的默契与温情。这样的场景让人不禁感慨,在浮华落尽之时,这种平平淡淡的生活才是真。可有谁知道,在这一派安逸和谐的景象背后,老两口一同走过了怎样的风风雨雨。

不幸突降,瘦弱肩膀撑起一家重担

现年65岁的吴铁成在退休前是一位十分优秀的工人。1967年,他进入钟村红砖一厂从事电工和机修工工作;1994年,因工作调动转至钟村自来水厂工作,直至退休。多年来,吴铁成对待工作认真负责,勤勤恳恳,任劳任怨。因表现出色,吴铁成多次被番禺区评为"先进生产者"、"优秀工作者"、"标兵代表",赢得了领导、同事们的交口称赞。

不仅在工作上被大家认可,吴铁成的家庭也十分幸福:妻子美丽娴雅,两个女儿乖巧懂事,儿子聪明可爱,家里尽管不是非常富裕,但也其乐融融。不难想象,当时正值壮年的吴铁成,年富力强,事业有成,家庭美满……生活是那样美好,不料,命运的打击突然而至。

1994年,吴铁成的妻子被确诊患有脑肿瘤,并于1995年进行了开颅手术。然而手术失败,妻子从此全身瘫痪,生活不能自理,就连吞咽都十分困难,要通过针管的辅助才能进食。看着从前温柔贤惠的妻子如今只能虚弱地躺在床上,吴铁成十分心疼。他发誓要好好照顾妻子,让不幸的妻子少受些苦难。一连数十天,他衣不解带地守护着病榻上的妻子,一日三餐、洗澡擦身,全都亲自料理。在他的精心呵护下,妻子术后的伤口恢复良好。

但是,一家五口的衣食住行需要钱,3个孩子的学费需要钱,妻子的手术治疗不仅已把家里的积蓄全部花光,日后漫长的康复治疗还需巨额费用。巨大的挫折没有将吴铁成击垮,坚强的他挑起了生活的重担。在妻子出院回家后,吴铁成便重新回到了工作岗位,更加拼命地工作。白天,他把妻子安顿好,细心地嘱咐子女或亲戚要注意的地方后,便出门上班,努力赚钱。夜晚回到家,他总是先为妻子喂饭、擦身,然后才胡乱地塞几口已经冷掉的饭菜填填早已饥肠辘辘的肚子。

对妻子,吴铁成总是方方面面都照顾得细致周到,把最好的东西都留给妻子;对自己,吴铁成却是节衣缩食,能省则省,把吃穿用度减到最少。自己衣服的手肘处、裤子的膝盖部位磨出了亮光,他也舍不得换,妻子的床铺被褥却能一年四季保持柔软干燥。

不离不弃,铮铮铁汉照顾瘫痪妻子

最初,作为一个大男人的吴铁成,护理起妻子来常常手忙脚乱。但是,对妻子的爱让他耐下心来,一点一点地学习护理工作。现在的他护理起妻子来比护士还要温柔细致,替妻子剪指甲、洗头发、缝补衣服等都十分娴熟。瘫痪病人常常会出现大小便失禁或者严重便秘的情况,吴铁成从不嫌脏嫌累,总是耐心地为妻子一遍遍地换洗弄脏的衣物,擦洗身上的污秽。在妻子便秘时,吴铁成想方设法地为妻子催便,甚至用自己的手去抠妻子的排泄物。在吴铁成的细心照料下,妻子尽管瘫痪在床，却总能保持得干净清爽。

为了能更好地照顾妻子，吴铁成把妻子的床安置在客厅里，自己就睡在一个由手推滑轮车改制的简易活动床上。白天，活动床就塞在妻子的床底下，手推的手柄便当作妻子床的"护栏"；晚上，吴铁成便睡在这张简易的床上，守护在妻子的身边。白天奔波劳累，他在夜里也不能睡一个完整的好觉，每隔两三个小时就要醒来为长时间不动导致身体麻痹的妻子翻翻身。

脑部手术的失败影响到吴铁成妻子的语言能力，导致她说话时含糊不清。很多人在照顾瘫痪病人时往往只关注病人的生理需求，很少关注病人的内心想法。很多病人每日躺在床上独自忍受着病魔的折磨，缺乏与外部世界的交流，常常感到寂寞和痛苦，情绪容易变得消极。吴铁成从不忽视妻子的每一个举动，他凭借细致的观察和两人多年的默契，竟慢慢能听懂妻子嘟囔的内容。在妻子痛苦时，他温柔地安慰；在妻子无聊时，他讲笑话逗她开心；天气晴好的时候，他还常常用轮椅推着妻子到大夫山走走，去看看湖光山色，听听鸟雀啼鸣。

在吴铁成的精心呵护下，妻子的病情渐渐好转，但命运却又给了他们一个巨大的打击。几年前，患有高血压的吴铁成在抱妻子坐轮椅时忽然摔倒，经医生确诊为中风。妻子因被抛在地而病情加重，吴铁成自己也半边身子麻痹僵硬，不能再像从前一样事事亲力亲为，甚至连搀扶妻子也难以做到。无奈之下，吴铁成不得不雇回一位钟点工帮忙照顾妻子。但即便如此，吴铁成也从没放弃守护妻子，总是尽力做些自己力所能及的事情，把妻子照顾得更加周到、舒适。

孝老爱亲，善行谱写大爱之歌

在这个物欲横流的时代，爱情往往被染上了铜臭，成了利益交换的筹码。面对婚姻，越来越多的人追求的对象是"高富帅"、"白富美"，看重的是对方的"有车有房"。在他们眼中，只要对方符合自己所列的每一项物质标准，就是"上佳人选"。而在这一条条的标准中，"真爱"是最脆弱、最稀有、最无法衡量的,因此往往被排在了最末。

吴铁成打动我们的,就是这样一种在生活中已经罕见的、纯粹的、真挚的爱。他让我们思考,当轰轰烈烈的爱情被生活磨得平淡,当浪漫的琴棋书画诗酒花被生活中的柴米油盐酱醋茶所取代,甚至当灾难突然粉碎原本美满幸福的生活时,我们应该怎样去面对。

《诗经》有言:"死生契阔,与子成说。执子之手,与子偕老。"吴铁成用他的深情向我们证明,婚姻是夫妻两人最神圣的约定,正如西方婚礼誓言所说:"无论顺境或是逆境,富有或是贫穷,健康或是疾病,都相亲相爱,至死不渝。"

2012年,吴铁成因孝老爱亲被评为番禺区首届"番禺好人"。面对四方涌来的赞誉与喝彩,吴铁成只是报以和善而温暖的微笑。尽管岁月在他的脸上刻下了一道道的皱纹,却不能抹去他神情中的坚毅。他说:"她是我的老婆,照顾她是我应该做的。我要感谢的是那些一直以来帮助我的好心人,生活让我们经受了种种磨难,他们却让我们更加相信美好与善良。"

在老人家历经沧桑却依旧清澈的眼神中,我们看见了爱的力量。

吴铁成
2013年3月获评"广州好人"。

奉献爱心的使者
——记伍志伟老师无偿献血和扶贫助困的先进事迹

□ 文 邬志坚

伍志伟是广州市番禺区大石街中心小学的体育老师。近20年来,他积极参与无偿献血、扶贫助困等活动,身体力行地鼓励并影响着身边的人群。同时,他还先后同有关部门签订志愿捐献遗体、眼角膜和造血干细胞的协议,被人们称为奉献爱心的使者。

无偿献血凝爱心

伍志伟出身于人民教师家庭,从小就受到父母乐善好施的影响。参加工作后,他就一直想多做一些有益于社会的实事。一个偶然的机会,他被新闻媒体倡导无偿献血的公益宣传所打动,深感无偿献血是人人都能参与的善事,既有益于社会,又可实实在在地帮助有需求的人。他按新闻媒体宣传的联系方式,亲自打电话到广州血库咨询无偿献血的事宜。在得知番禺也有献血点后,他立即从农村坐车到番禺人民医院血液科申请无偿献血。医生见他体重只有100斤左右,就建议他先捐200毫升。第一次献血之后,伍志伟便一发不可收拾,此后每年都根据血库的需求,主动前往献血点无偿献血两三次。

2007年,伍志伟根据医院医疗救治的需要及专家的建议,开始无偿捐献血小板,成为广州市番禺区捐献血小板的第一人。为了保证在第一时间为有需要的人献血,伍志伟自愿参加了区无偿献血志愿工作服务队,成为流动血库编号为A102的成员。只要血库告急,他都会放下手头的一切工作前往血库捐血。当他得知人体解剖有助于医疗科研时,他觉得这也是帮助人的好机会,便毅然向中山医科大学人体解剖教研室递交了"广州市公民志愿捐献遗体申请登记表",成为编号为A131的捐遗成员,同时又向广东省眼库申请并签订离世后捐献眼角膜的协议。当他知道造血干细胞(骨髓)能够挽救白血病患者的生命时,又毫不犹豫地与中国造血干细胞捐献者资料库广东省管理中心签订捐献造血干细胞的协议,成为编号为0207623的志愿捐献者。

近20年来,伍志伟先后献血83次,其中捐献全血11次,献血量达4200毫升,捐献机采血小板72次,共84个治疗量(1个治疗量按捐献800毫升计算),献血量达67200毫升,累计献血总量为71400毫升,相当于15个正常成年人的血液量。他先后15次受到国家、省、市、区的奖励,其中获全国无偿献血银奖3次,获广东省无偿献血金奖7次,获广州市无偿献血特等奖4次,获番禺区无偿献血先进工作者1次,并被评聘为中国红十字会荣誉会员。他以平凡而高尚的行动,充分展现了一个人民教师无私奉献的豁达胸怀和舍己为人的大爱。

乐善好施表真情

"帮人一把,或许可以改变被帮者的一生",这是伍志伟常常挂在嘴边的口头禅。只要见到有人需要救助,他都会慷慨解囊,热情地伸出援手。

当他从《南方日报》获悉广东省妇联、广东妇女海外联谊会发起"资助贫困女大学生读书"活动的消息,就带上报纸找到省妇联了解情况,并当即表示愿意资助贵州籍女大学生欧燕完成大学学业。当他从《番禺日报》得知市桥镇小罗村钟智锋同学虽然考上了中国人民大学,但因家庭困难而无法交费入学的消息,便耐心做通其家人的思想工作,带上8000元登门送到钟同学手中,使其圆了读大学之梦。伍志伟还参加了广州市慈善会发起的"一帮一"助学活动,每年资助500元帮清远市阳山县秤架乡中学生肖秋燕同学完成中学学业。

2003年9月，伍志伟从香港电视节目中获悉香港世界宣明会助养儿童计划，便专程到香港世界宣明会总部了解情况，并助养一名厄瓜多尔小朋友，3年的资助款共9000元。2005年，伍志伟主动参加云南丽江民族孤儿学校的资助活动，先后邮汇2000元善款，帮助该校徐志从同学完成小学5至6年级学业。2008年，四川省汶川县发生里氏8.0级大地震，灾情震惊中外，伍志伟特别难过。第二天一早，他就到番禺区慈善会了解捐助事宜，并当即捐出1000元善款，表示对震区人民的支持。

2010年，伍志伟从网上获悉青海格桑花教育救助会扶贫助学的呼吁，即以全家3人的名义申请捐助，资助青海玉树地区贫困学生3人，3年资助的善款共13500元，使这3名学生顺利完成中学学业。后来他又资助青海省海北州高中藏族学生李德洛、回族学生林平两位同学各1500元，帮助他们完成高中学业。除此之外，伍志伟还先后资助石家庄市正定县西相堂村剪纸艺人赵向荣和番禺区大石东乡村残疾人陈志成两个家庭。

自1992年以来，伍志伟捐资助贫、助残、助学的善举从未间断过，他用一个普通教师的微薄收入传播着人间真情，先后捐出善款10多万元，充分显示出他乐善好施的美德和助人为乐的高尚情操。

于无声处见精神

伍志伟捐献的鲜血是无偿的，捐出的善款是自愿的。他从未想过自己的付出要有回报，也从未在人前张扬。他十分清楚，一个人的能力是有限的，让更多的人支持、参与献血和扶贫的善举，才能取得更好的社会效果。因此，他在默默无闻地践行"帮助社会上有需要的人"的承诺的同时，又以无私奉献的实际行动鼓励并影响着身边的人群。

伍志伟把无偿献血的宣传作为自己义不容辞的义务和职责。作为无偿献血志愿服务队的成员，每逢节假日，伍志伟都一如既往地协助番禺区中心血库采血车的采血工作,并随车开展无偿献血的流动宣传,让更多的人加入无偿献血志愿者的行列中来。

伍志伟耐心做通家人的思想工作,争取家人的支持和参与。伍志伟认识到,要把参与无偿献血和自愿捐款的善举持续下去,家人的理解和支持是十分重要的。为了证明献血对身体健康影响不大,他偷偷献血3次才告诉家人,不但使妻子消除了对献血的担心和忧虑,积极支持他无偿献血的行动,而且还因伍志伟的影响和带动,自愿向中国造血干细胞机构申请,成为编号为02004227的造血干细胞自愿捐献者。为让妻子同意将用于添置家电和家具的8000元奖金资助无法交费入学的钟智锋同学读大学,他整整用了两天时间做思想工作,终于得到支持和理解。为了让家人都加入扶贫助学的行列,伍志伟在做通妻子思想工作的同时,还耐心地引导读高中的女儿要关心他人、助人为乐。在他的鼓励和影响下,女儿自愿拿出积攒多年的4500元"压岁钱",资助青海省玉树地区贫困学生永吉卓毛同学完成中学学业。同样,在他的影响下,妈妈也自愿向中山医科大学人体解剖教研室递交捐献遗体申请表,成为编号为A471的捐遗人员。

此外,伍志伟还积极动员和鼓励亲友参与无偿献血和扶贫。为了不断扩大无偿献血和扶贫助弱的志愿者队伍,他利用一切场合和机会,在同学、同事、亲友的活动圈中现身说法,宣传献血扶贫的意义,身体力行地阐明"送人玫瑰,手留余香"的道理。在他的影响和带动下,先后有10多名同学、同事和亲友跟他一起参加无偿献血,一起参与扶贫助弱。

倡行义举凝大爱,于无声处见精神。正是伍志伟的坚持与执着追求,使得献血扶贫的义举在人群中不断伸延和拓展。他像一股浩荡的新风,为当今的文明道德与社会和谐带来了正能量。

伍志伟
2010年11月获评"中国好人"。
2013年9月获评"广州市第五届道德模范"。

撑起有法可依的一片天空

——访"番禺好人"、敬业奉献的专职律师许秀娜

□ 文 詹海燕

清爽干练的短发、阳光满面的笑容,无不展示着她严谨、公正的职业特性。她叫许秀娜,今年31岁,是一名专职律师。因为义务为居民提供法律咨询,为困难群众提供法律援助,她被沙湾镇政府推上了"番禺好人"的领奖台。

职责:成为律师是一份社会责任

午后的咖啡厅特别宁静,蓝调音乐缓缓地流出,弥漫在空气中。个性爽朗的许秀娜一脸笑容。做律师,表面看起来是一份光鲜的职业,可个中的辛苦,也许只有干这一行的人才知道。尤其是对于一个女人来说,要付出的就更多了。谈起自己的职业生涯,许秀娜轻轻地喝了一口咖啡,满满的自信中透出淡淡的无奈。

"其实做律师就像做个体生意一样,需要经历一个艰难的创业过程,就算'生意'做起来了,也还要苦心地经营,维持良好的口碑,做出自己的品牌。"许秀娜认真地说,当你帮助了那些因对法律不了解而身陷困境的人,你就会觉得自己经历的困难真的不算什么。

作为同龄人,我似乎能够感受到许秀娜所描述的这份艰难。相比有相对固定收入的记者行业,专职律师奔波和劳心的程度确实会多许多。"你还记得你的第一单案件是怎样的吗?"我好奇地问。

许秀娜若有所思地抬起了头,嘴角微微地上扬。"我的第一单独立接手的案件很简单,是帮助一位离了婚的母亲争取探视孩子的权益。"许秀娜说,尽管在离婚时法律已明确了夫妻双方对孩子抚养和探视的权益,可通常在实际执行过程中并没有像预计的那样顺利。当时,获得抚养权的父亲不愿让拥有探视权的母亲按时探望孩子,多次争取探望孩子未果后,该母亲只能选择通过法律途径来解决。

"在法律的干预下,这位母亲如愿见到了孩子,但同时也面临一个困境,孩子父亲的固执很可能让她每次见孩子都得靠申请法院强制执行来实现。"许秀娜一脸忧虑地说,这种现象经常会出现,为此她们做得更多的工作是对双方进行调解,通过心灵的沟通清除彼此的障碍。"后来这位母亲真的能够如我调解的那样,每月定期见到自己的孩子。我觉得挺欣慰的,也由此对律师这个职业添了几分热爱。"在她看来,选择律师职业的人应尽自己的一份社会责任。

践行:为社区群众拿起法律的武器

刚开始的时候,许秀娜接手的案件不算多,也不像现在这样忙。为此她经常主动到社区里帮助居民解决一些法律问题。"其实刚开始都只是为周围的亲朋好友提供法律咨询,后来了解到许多社区群众都不懂法,尤其是老人和妇女,日常生活中常见的遗产继承、离婚、家庭暴力、交通事故索赔等比较简单的法律问题,他们都不知道该如何处理,甚至不知道从哪里可以得到帮助。"许秀娜皱了皱眉,心情有些沉重地说,"曾有一名60多岁的女性当事人,30多年来一直遭受丈夫的家庭暴力,严重时肋骨断裂,甚至半个月下不了床,但由于该当事人不懂得如何通过法律维护自身权益,加之当事人丈夫每每施暴后又好言相劝,她就这样隐忍了几十年,而家庭暴力却始终未停止过。即使很想逃离,可她似乎从来没有想过要用法律武器来保护自己。"

沙湾东区社区一位50多岁的张女士说:"虽然现在法制宣传的形

式和途径多种多样,但律师活动在法制实践的第一线,更能够直接地将法律知识带到千家万户。许律师给她们讲解时通常结合案例,用事实来说法,这比让他们上网查或翻书更直接快捷,有效地帮助他们知法、懂法、守法、用法。"对于许秀娜来说,长期接触社会底层群众,使她深知群众对法律知识的渴望,深知法制宣传的重要性。

让许秀娜不断散发出炽热光芒的还有她的党员身份。得知番禺区委组织部正在开展"党员服务社区"工作,她立即主动向组织关系所在地沙湾东区社区递交法律志愿服务申请表,还积极走访沙湾镇内其他4个社区,希望能为社区居民提供公益法律服务。担任了多个社区的公益律师后,许秀娜几乎就没了周末的概念。"除了利用休息时间为社区居民面对面提供法律咨询外,我还把手机号码留给了他们,只要有问题,随时都可以拨打。"许秀娜爽快地说。

坚持:奔波劳碌只为案情有法可依

随着知名度的提高和品牌影响力的扩大,主动找许秀娜寻求法律帮助的人越来越多。"从被案件当事人选择的新手律师到可以自由选择案件的资深律师,需要付出很多的努力和艰辛。"许秀娜有些无奈地说。刚开始,光找案源都非常辛苦,对于刚入行的新手律师,发展自己的法律事业需要较强的社交能力,努力让大家认识自己,了解自己所能提供的法律帮助。

"刚开始时,你一个月通常要接多少单案子呢?"对律师行业不太了解的我真好奇这样的谋生模式要怎样做才能挣够养家的钱。

面对这个实在不太专业的问题,许秀娜说:"我们通常不是按月算的,而是按年算,因为有时候一单案子就要做几个月,全国各地跑。通常情况下,一个月有五六单诉讼案件就已经饱和了。因为每个新案件需要做的前期准备工作很多,核查双方身份信息、收集证据、准备立案材料、写代理词等,这些要花费大量的时间。"

除此之外,许秀娜还是多家单位的法律顾问,日常审核合同和解答相关法律知识都要耗费一定的时间。为了保证质量,她通常都不会接太多的案子。

梦想:探索公益法律,希望爱心接力

"因为很多市民都不懂法,你跟他们说了一遍又一遍,他们都不明白,有的听明白了回去也就忘了。为了更加方便地帮助大家,我这些年来都自费印制普法宣传单、法律常识手册、法律服务联系卡等普法材料,算起来都有10000多份了。这些册子都免费向有需要的群众派发。"许秀娜说。看着越来越多的市民在自己的引导下,拿起法律武器保护自己,她愈来愈感受到从事公益法律工作的重要性。

为了帮助更多的人,她主动担任了中国公益诉讼网、工伤赔偿法律网等网站的公益法律顾问,创办广东法律咨询QQ群(232433599),通过电子邮件、电话、网上留言等方式细心为群众解答各类法律问题。这些义务开展的工作,通常都需要花费大量的时间。

"那你还有空照顾家庭和孩子吗?"我不解地问。许秀娜轻松地说:"做律师最大的好处就是比较自由,除了周一到周五的开庭时间比较固定外,只要不需要上法庭,时间都可以自己安排。"所以,她尽可能地两头兼顾,然而更多的时候,宝宝只能靠亲人帮忙带。

"政府组织的很多活动确实也有效地帮助了村民。在'律师三进'(进农村、进社区、进学校)暨'一村一法律顾问'活动中,我担任沙湾镇龙湾村及古坝西村的义务常年法律顾问,免费为村集体提供法律服务,协助村集体化解农村各类矛盾纠纷。例如审核合同、发送律师函、化解村民宅基地纠纷、处理外嫁女纠纷、解答村民各类法律问题的咨询等。"

此外,许秀娜还加入了番禺区律师工作委员会青年律师组,开展了一系列法律宣传活动。今年,许秀娜还获邀担任番禺区职业技术学院兼职教师,每月定期举办法制讲座,普及法律知识,为大学生在就业、求职等方面遇到的各类法律问题提供帮助。

对于公益律师的未来,许秀娜说:"公益律师在番禺乃至广州仍处于探索阶段,我也是摸着石头过河,但我会继续坚持,希望通过我点滴的公益行动,带动身边更多的人去参与这项事业,用我们的法律知识为全民撑起有法可依的一片天空。"

许秀娜
2014年10月获评"广州好人"。

一腔热血护法魂
——记首届"番禺好人"、区人民法院民五庭庭长赵栋坤

□ 文 袁辉　潘晓均

他没有惊天动地的丰功伟绩,却以润物无声的真诚赢得了人民群众的赞誉;他没有震撼人心的豪言壮语,却时刻践行着司法为民的宗旨。

他就是首届"番禺好人"之一、区人民法院民五庭庭长赵栋坤。

默默无闻奉献　无悔扎根基层

在法院工作过的人都知道,法院工作很是辛苦,也很锻炼人,尤其在基层法庭。如果选择到基层工作,就意味着少顾及家庭,多加班加点,少娱乐休息,多枯燥烦琐。

自从进入法院工作以来,赵栋坤先后在法院经济庭、大石法庭、民二庭、大学城法庭、民一庭、民五庭等基层法庭工作,一干就是16年,但他始终默默无闻地奉献,无怨无悔地工作。

随着经济社会的发展,社会矛盾井喷式涌入法院,民事案件也成倍地增长。作为民五庭庭长的赵栋坤,身先士卒,迎难而上。2012年,全庭收案3743件,结案3476件,结案率达到92.87%,名列全院前茅。其个人共受理案件338件,结案326件,为全庭排头兵指标的顺利达标做出了应有的贡献。

面对繁重的工作,赵栋坤从不叫苦叫累,从不计较个人得失,也从

未有过半点怨言。

　　基层的工作，练就了赵栋坤吃苦耐劳的精神，使他与老百姓有了零距离的接触，同时也为他积累了丰富的基层审判工作经验，为他平息民间纠纷，化解社会矛盾，保证案件质量打下了坚实的基础。

注重调解艺术　　巧妙化解矛盾

　　在案件的审理中，赵栋坤注重调解艺术，讲究方式方法，拓宽纠纷解决渠道，巧妙化解纠纷。他深知调解不仅能使案件案结事了，减少当事人的诉讼之累，而且能达到法律、社会、经济效果的统一。

　　有一次，赵栋坤在处理一宗劳资纠纷案件时，因为不能满足当事人家属的无理要求，一些当事人便唆使两位60多岁的伤亡员工家属无理谩骂并阻挠赵栋坤等法院办案人员依法执行公务。其中一名家属更变本加厉地上前以扯、抱等方式缠住赵栋坤，并扬言如继续查封，将抱住赵栋坤一起从4楼跳下。

　　面对威胁，赵栋坤没有退缩气馁，而是沉着应对。对于伤亡员工家属的无理行径，他也没有立即予以严厉指责，而是表现出最大限度的理解和包容。等现场气氛稍为缓和后，他才不卑不亢、坚持原则地向其开展法律解释工作。经过一个多小时的解释，伤亡员工家属清醒地认识到法律是严肃的，其合法权益及诉求亦可通过法律渠道予以解决。

　　赵栋坤告诉记者，当时他感到非常憋屈，自己好心来为他们解决问题，却受到如此的待遇，只能耐心地做他们的工作，晓之以理，动之以情，最终事件得到了妥善处理。

　　赵栋坤说，只要是人，都能被真情打动，多动动脑筋，多想想办法，问题总会解决的。

加班加点化纠纷　　看守所里送关怀

　　2012年3月，某台资企业因公司老板逃匿拖欠217名工人两个月工资共计60.8余万元引发员工聚集，集体上访。100多名工人聚集在公司追讨欠薪,并扬言如不立即解决欠薪问题,将再次集体上访。赵栋坤马上率队前往该公司处理,经过现场协调劳动、街道、综治及厂房业主各方,现场答复工人在20日上午8点将由各职能部门到公司处理欠薪问题。

3月20日上午一早,赵栋坤赶到该公司,一方面耐心细致地做好工人的情绪安抚工作,另一方面与劳动、街道等职能部门协调厂房业主筹款垫支发放工资。在了解到可由有关部门垫支工资后,有部分工人提出不合理要求,遭到拒绝后,个别员工密谋从法院干警手中抢夺公司的银行印鉴等财务资料,企图自行分配公司财产。

中午一点多,工人在个别人员的煽动下开始围攻、冲击在现场办公的赵栋坤及其他街道干部。在威胁面前,赵栋坤与干警一起再次耐心地向工人作法律解释工作,同时公安机关对个别破坏公司财产及殴打工作人员的工人采取了强制措施,并依法对6名违反治安管理条例的工人予以拘留。经过耐心细致的思想工作,公司的200余名工人最终理解了法律规定的工作程序,并合理调整了其诉求,对职能部门的工作由对抗、不理解转变为配合及感谢。

当日下午4点垫支工资的资金到位后,由赵栋坤带领的劳动争议案件审判庭干警配合相关职能部门现场给200余名工人全额发放了工资。因人数较多,工资一直发放到当晚9点才结束。

对于6名违反治安管理条例被拘留的工人,赵栋坤也没有忘记他们,专门提议并配合劳动部门在23日到番禺区看守所将工资发放到他们手中。该6名工人在收到工资时无比欢欣,并一再对其错误行为表示歉意。

清清白白做人　公公正正办案

作为一名法官,赵栋坤深知在老百姓的眼中,法官就是法律的代表;在老百姓的心中,任何的一丝疏忽,都会毁损法律的权威。他深深懂得"公生明、廉生威"这个道理。

处在拒腐防变第一线的赵栋坤,面对日常工作中可能存在的各种诱惑,严格遵行着最高人民法院的"五条禁令",自觉抵御各种腐败行为,做到在工作中清正廉洁、公平公正,在生活中清心寡欲、艰苦奋斗,坚持做到不为金钱所动,不为人情所惑,不为权力所迫。从事审判工作多年来,他从未发生任何廉政问题,并多次收到一些单位和群众送来的锦旗和感谢信。

因其个人工作的优异表现,赵栋坤于2009年被评定为"先进个人"、优秀公务员,2010年被评为"调解能手",并被广州市番禺区嘉奖,2011年被评为"先进个人",2012年被广州市中级人民法院记个人三等功一次。

16年来,赵栋坤以"公心"审理每一宗案件,以"诚心"对待每一位当事人,以"热心"帮助每一位需要帮助的当事人,以"耐心"消除当事人的思想顾虑,以"细心"化解当事人的纠结,他用自己的实际行动真正地诠释了人民法官为人民的理念。

赵栋坤

2013年3月获评"番禺好人"。

桃李每从肩上过

——记"番禺好人"、敬业奉献好老师周俊武

□ 文 卢泳谊

"其实我就是一个平平凡凡的老师,真的!"面对荣誉,周俊武谦逊地说,诚恳的目光里没有一丝虚伪。

"桃李每从肩上过,人才多是梯上来。"数载寒暑的朝夕相对,除了责任,周老师对他的学生还有深深的感情,每一位学生都好像是他的孩子。

周俊武老师从教25年就担任了25年的班主任工作,多年来他奉行四个字——"公平公正"。用他的话说,就是要"一碗水端平"。

相对于成绩好而备受关注的"好学生",一些后进生的叛逆行为颇令老师头痛。令周老师印象颇深的是在2005年他刚接手的高三政治班中一位姓何的学生。这名学生不是迟到早退就是逃课,经常与已经辍学的同学或是社会上不三不四的人混在一起,流连游戏机室;在课室里不是睡觉就是大声说话,同学对他颇有微词,多是敬而远之。周老师多次家访,但家长对这个学生的管束也是有心无力,无可奈何。周老师直接找何某谈话,何某爱理不理,答非所问。

何某真的已是"无可救药"了吗?家长已经对他不管不顾了,学校是他最后的阵线。如果连学校都把他向外推,那么,他破罐子破摔,进入社会后难保不会误入歧途。"'幼吾幼以及人之幼',如果他是我的孩子,我会轻易放弃他吗?"几经思量,周老师决定对何某不放手,他试着

与他建立一种"亦师亦友亦亲"的关系。

在生活上,他给予何某缺失的家庭关怀,嘘寒问暖;在学习上,他对何某与其他同学一视同仁,有时还会给他分任务,"压担子";在课余,他跟何某谈心,邀约他和一些同学去爬山、骑自行车。起初,何某对这一切很是抗拒,觉得周老师是在"猫哭耗子——假慈悲",对他的关怀视而不见,对他的邀约也是嗤之以鼻。周老师没有放弃,继续他的"自说自话"。慢慢地,他发现,虽然何某依然对自己不瞅不睬,但不再是一见到他掉头就走,而是听完他的"唠叨"再默默走开。

终于有一次,何某主动找到了周老师,却是开口向周老师借钱。原来是他的一位朋友因斗殴受伤住院,何某向周老师借钱去看朋友。抓住契机,周老师答应了他并与他一起到医院看望他的朋友,与他们真心地沟通和交流。通过这件事情,何某仿佛懂事了很多,他回归课堂,慢慢对老师和同学敞开了心扉,学习刻苦上进,终于在2006年的高考中顺利考上大学,现在已毕业参加工作。

何某很庆幸周老师在他即将"脱轨"之际把他扳回正途,到现在还会经常打电话给周老师听他的"唠叨"呢。

因工作突出,周老师连续多年被学校评为"优秀班主任",2006年被学校推荐为番禺区名班主任培养对象,2008年获得"广州市优秀班主任"称号,2007年及2010年所带的班级获番禺区"先进班集体"荣誉称号,2011年班集体获"广州市优秀团支部"光荣称号。2012年他被推荐为广州市名班主任培养对象,并获得番禺区"首届师德模范"称号和"广州市劳动模范"称号。

"师者,所以传道受业解惑也。"周老师深知"打铁还须本身硬"的道理:"要给学生一杯水,教师要有一桶水。"著名的美籍匈牙利数学家乔治·波利亚说,"中学数学教学的首要任务就是加强解题训练","掌握数学就是意味着善于解题"。周老师也认为,解题是数学教师的立足之本。每每拿到新的教学资料备课,周老师不是急于看详细的解答,而是自己先做题,再对照答案,或者从另一个角度寻找另一种解题方法,保持自己解题思维的灵活性。面对学生找来的一些难题，他要求自己要在半小时内解出答案。每次考完试，其他人都在计划着如何放松一下，这时却是周老师最忙碌的时候。他会调阅各地有代表性的试卷，了解各地试题的结构，针对各种各样的题型思考应对的策略和方法，并对比本地的考卷，结合教学大纲，系统、全面地整理出审题、做题的经验。然后，他再在自己规定完成的时间内亲自做题。多年来，周老师所任教的班级成绩一直稳居全级前列。

为了更好地提升学生的能力、拓宽学生的视野，周老师还坚持利用业余时间带领团队老师开展培优工作。近5年来，他辅导的学生中，1人获香港数学奥林匹克竞赛二等奖；多人获全国奥林匹克数学、化学的一、二、三等奖，尤其在2011年全国高中各科奥林匹克竞赛中，班里有3人获全国一等奖、19人获全国二等奖、21人获国家三等奖；所带班级在2012年高考中有5人考上北大、清华及香港名校。

周老师在长期的高效教育教学过程中，积极参与教研教改。2007—2009年，积极参与"以问题为向导的数学学习方法的研究"和"数学优等生培养策略的研究"两个课题的研究。2009年，他参与教育部重点实验室和北京师范大学数学科学学院主导的"掌上移动实验室与中学数学新课程整合"课题研究，并被聘为广州实验区指导老师。2012年申报的番禺区"十二五"课题"基于电子书包的高中数学专题学习网站建设与应用的研究"也已批准立项。

周俊武老师25年来扎根于三尺讲台，始终以勤勤恳恳、踏踏实实的态度对待这一神圣的工作。精心耕耘让他赢得学生们的尊重，无私奉献让他获得同行们的称赞，他在平凡的岗位上书写了一个又一个不平凡的动人故事。

周俊武

2013年3月获评"番禺好人"。

2015年11月获评"广州好人"。

小辅警 大梦想

□ 文 康薇

他叫潘永强,是一名小小的辅警。辅警是什么,很多人可能都不大明白。它是一支由公安机关直接指挥和管理的队伍,主要用于社会联防巡逻,功能与配备介于现在的保安与正规警察之间,被赋予基本的执法权,辅警会配备基本的警械,如警棍等,采用合同制的形式聘用。

曾经是个兵哥哥

潘永强是个外表平凡朴实、笑容憨厚的青年,自小他的骨子里就有一种英雄情结,好打抱不平、伸张正义。他崇拜军人,羡慕保家卫国的共和国卫士。于是,1999年年底,经过一关关的考核,他终于成为一名光荣的解放军战士。潘永强像鸟儿般欢欣雀跃,铆足了劲投入紧张的高强度训练中去。为练射击,他负重瞄靶往往一举枪就是几十分钟;为增强攀登能力,他每天跑到障碍场去爬训练墙,引体向上不下百次;为提高武装越野能力,他头戴钢盔,背着冲锋枪,负重10公斤,在太阳底下训练。每天训练下来往往伤痕累累,筋疲力尽,手臂肌肉像针扎一般疼。两年的军旅生涯锻炼了他的身体与意志,磨砺了他的坚强品质。2001年12月,潘永强胸前佩戴着一枚三等功奖章,拿着一张优秀士兵的奖状回到了家乡。

退伍回来后,潘永强仍十分怀念部队生活,不舍那身绿军装,于是又梦想着加入公安辅警队伍。2002年3月,潘永强经过多次考试,终于如愿进入番禺区市桥北区派出所,成为一名辅警。后来由于工作需要,又调到大龙街派出所。

奋起救人的好辅警

2012年4月22日早晨7时许,潘永强正在家休息,突然听到邻居家传来急促的呼救声。他立即起床,冲出门,朝邻居家跑去,但邻居家的后门反锁。潘永强奋力爬上邻居家的围墙,一眼看到院内的鱼池里躺着一位阿婆。鱼池面积不大,才四五平方米,但刚下过几场大雨,鱼池里积水很深,情况万分紧急。潘永强见此情状,纵身跳下围墙,冲进院内,将阿婆抱了起来。

据了解,阿婆长期在香港生活,退休后回到家乡小龙村安度晚年。近年来,阿婆的兄弟姐妹相继过世,她自己没有儿女,由两名六七十岁的亲戚轮流照顾,亲人的离去让她备感孤独,最近一段时间更是情绪异常。当天早晨,阿婆趁身边照顾她的亲戚不注意,反锁了房门,其亲戚发现不对劲后向邻居呼救。当潘永强听到呼救后翻越围墙时,鱼池里的阿婆已经呛了几口水。阿婆获救后,潘永强的父亲和阿婆的亲戚迅速将她送到医院救治。

有勇有谋的巡防尖兵

潘永强成为辅警后,就立志要在最短的时间内适应岗位,掌握过硬的巡防技能,要求自己做到"两熟悉",即熟悉城区的大街小巷、熟悉巡防业务知识的基本要领。他的巡逻辖区是城郊结合部,有许多异地务工人员,流动人口比较多,居民情况很复杂。他每天骑警摩10个小时以上,结合大队信息研判成果,把握重点时段和重点区域。他总是坚持带着警情上岗,带着防控重点巡逻,围绕易发案区域进行巡查;对疑车、疑人、疑物通过电台进行核对查询,做到有疑必查,从不放过任何嫌疑,提高了抓获率,防区警情量一直处于低发案状态。

2013年7月25日半夜12点左右,潘勇强在巡区傍西村不显眼处发现一名男子推着一部电动摩托车,鬼鬼祟祟,形迹可疑。潘永强马上和同伴上前察看。他一边察言观色,一边仔细询问,发现此人可疑,便与队友一起控制了嫌疑人。经审问,此人是一名偷电动摩托车的小偷,这部车便是刚刚偷来的。等到第二天,潘永强把这部电动摩托车送回失主那里,失主才知道自己的车丢了。

潘永强如今依然每日巡逻于城区的大街小巷,日夜守卫着大龙街的平安。他在平凡的岗位上做出了不平凡的工作成绩,多次受到领导和同事们的好评,两次被评为优秀共产党员。

辅警是公安队伍不可或缺的一支重要力量,许许多多像潘永强这样平凡而普通的辅警,为番禺的经济建设和平安稳定做出了巨大的贡献。辅警平凡而普通,工资收入微薄,工作环境艰辛,不仅要吃苦受累,而且危险始终伴随着他们,但他们无怨无悔。在物欲横流的今天,人们往往容易忽视他们的存在。然而,尽管默默无闻,他们依然有灿烂的理想、美好的追求,潘永强便是其中的一个代表。

潘永强

2013年3月获评"番禺好人"。

2013年8月获评"广州好人"。